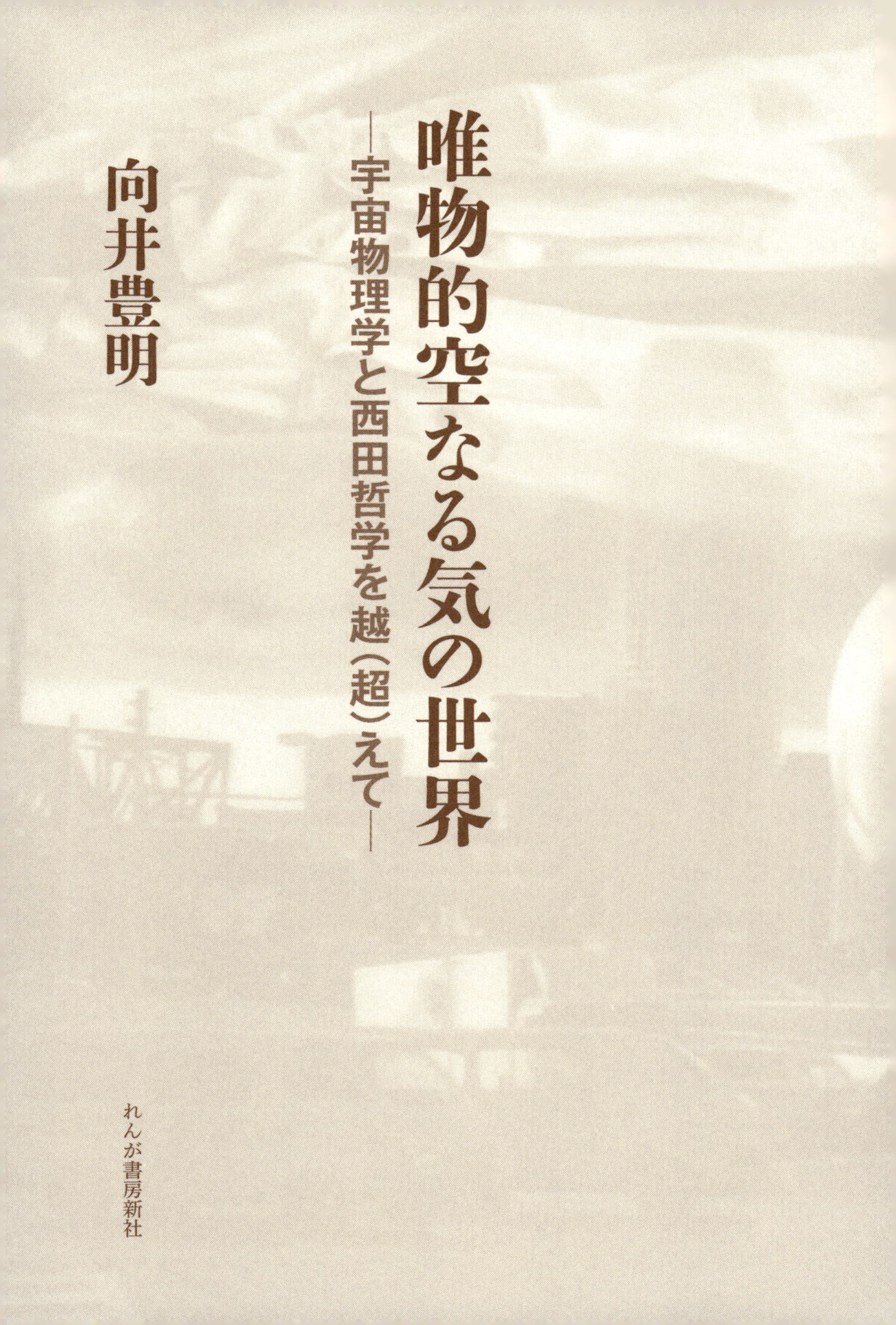

唯物的空なる気の世界

―宇宙物理学と西田哲学を越（超）えて―

向井豊明

れんが書房新社

唯物的空なる気の世界＊目次

唯物的空なる気の世界

——宇宙物理学と西田哲学を越（超）えて

はじめに

　わたしはこれまで医療、政治、労働、教育、宗教など社会の様々な領域の職業や運動に関わり、自己のあるいは社会の諸矛盾や不条理を懐くなか、多様な学問および思想を学びそのつど自らの考えを形成し表現してきた。そしてこの度ある意味その思想的総括として当テクストを以て世に問うことにした。なおわたしのこのような体験に根差した思想的営為は、商業ベースや学術的な権威に依拠することのない、地平論的かつ次元的なパースペクティヴに基づいたラジカルな「公」論の形成を目指すものであり、ゆえに資本と国家の論理の貫徹する現代社会にあっては、つねにマイナーであることを余儀なくされてきた。

　しかし近年、日本のアカデミックな思想哲学界において、東京大学を中心に諸領域および諸学問を横断し包括する公共論が活発に展開されるようになってきた。なかでも国家主義的な公共論に対抗する「公共哲学」の形成は、東京学派と呼べるに相応しい革新性を示している。ちなみに山脇直司は、『公共哲学とは何か』の中で、「公共哲学」とは「自己‐他者‐公共世界」をベースとした、「活私開公」なる多次元的な、いわゆるグローカル（グローバルにしてローカル）な哲学であると称している（主に六章参照）。いずれそのような革新的な「公共哲学」は、古今東西の、および戦前戦中さらには戦後の日本の思想状況を反省し、新たな民主主義的な社会像や抵抗のナショナリズムを踏まえたトランスナショナルな公共世界を取り結ぶ点で、また権威ある現日本学術会議公認のタコツボ的な学問体制を打破する、「学問の構造改革」を促す点でも、望ましいものであることは言を俟たない。わたしもこのような動向におおむね同調するものである。がしかしそこでは、未だ諸テクストの紹介や解釈が中心であり、いかなる立場論をも越（超）えて東西思想を止揚し、「公」の質および内実を根本的かつ哲学的に問うという「気風」が見られない。

　問題は、すなわち諸々の「公共哲学」がその根源的な土台としてははずせない西洋出自の唯物論や宗教論に対し哲学的に充分に咀嚼し内化しえないままに、また西洋思想中心主義を批判しながらも、その内実においてはなおも科学、正義、人格など西洋形而上学的論理や価値概念が支配的であり、他方東洋思想の中心概念である「気」や「空」の思想の皮相的な理解のままに、未だ東西哲学思想の止揚を果たしていない、という点にある。公共哲学が真にそれとなるためには、古今東西の思想哲学の総括により、たんなる諸思想の解釈や批評あるいは折衷ではなく、「近代の超克」論に絡む根源的な哲学的問いとその止揚すなわち「近代超克論」の超克でなければならない。とすればかつて東西思想を止揚し、宗教と科学および唯物論との根源的な関係や関連を問い、「公共哲学」の哲学的な礎を築いた西田幾多郎の哲学思想に対する批判的検討は避けられないであろう。

　西田哲学の宗教的および唯物論的思考の限界や瑕疵については、彼の社会的「公」の偏狭的かつ「憑在」的解釈とともに、戦後多方面から指摘され批判された。とはいえそのほとんどが、西田の東西思想止揚の「公」を目指し「哲学する」スタンスを共有することのない、立場的な解釈論によるものでしかなかった。ただそのなかで鈴木亨の『響存的哲学』は、東西止揚の西田哲学の本旨に沿いつつなおかつその限界をも克服するものであった。本書はかかる鈴木哲学のさらなる脱構築を通して、「唯物」「空」「気」の概念ならぬ概念をベースに、より根源的な公共哲学および「公・共」論の形成を目指すものである。

ところで「わたし」とは、時空の変容を直に身に蒙る、ある意味つかみどころのない空しい「存在」である。偶々与えられた固有にして非固有なる、生成と衰退のリズムの織り成すこの身体とともに、「わたし」は所与の環境のなかで多様な欲求を充たし、苦悩し思索し、ただそれだけにすぎない存在として存在してきた。ありきたりでファジーな自己史的「諦念」だが、それでも「わたし」はわたしであったおよびあるというアイデンティティなる記憶や意識はある。また同時に、「わたし」はわたしではない「他性」や「他者」として存在している、という認識もある。自分は自分であって自分ではないという、この茫洋たる感覚は、しかし生活場におけるわたしの思想形成の基本的なスタンスとなっている。

なおかかる両義的な感覚が自覚となり思想形成に及ぶ、その最大の契機となるのは、とりわけ被規定的な重力の感覚が次元的な閾値を超えたときである。ちなみに表題の「唯物的空なる気の世界」とは、そのような被規定的な感覚が自らの次元的閾値を超え、自らの実存において次元的かつ地平的に開示されてきた、まさに究極の「公・共」的な世界である。してこの開示（構築）にあたっては、前述した西田の実存哲学と現代科学の最先端にある宇宙物理学が主要な「媒体」となり、次元的には西田哲学の超次元的かつ高次元的な面と、宇宙物理学の准・三（高）次元的な面が、それぞれに理論的参照かつ批判的な対象となった。当テクストは、このような次元的かつ非「常識」的な諸テーマに関わる内容となっている。そこで本文理解の前知識として、予示的に両者の世界観とその超出‐止揚された「唯物的空なる気の世界」観との、基本的な相異について述べておきたい。

先ず西田の実存哲学について、とりわけ我々日本人にとって近・現代日本の歴史における最初（体系的に）にして最大（影響性や波及性という点で）の、そして軍国主義的および全体主義的時流に追随したこの伝統の形而上学的かつ政治思想的な哲学をいかに越（超）えていくかが、重要な課題としてである。改めて西田哲学とは、端的に言えば〈絶対無〉と〈創造的モナド〉なる超かつ高次元的な基本概念を以て、東西思想の止揚の「公共」性論を目指すものであった。「唯物的空なる気の世界」論（観）もまた、類似の「公共」性論を指向するものであるが、しかしその基本概念は〈絶対無〉化作用による多次元的な〈唯物的空〉と〈気〉を以て対するもの。この相異は、宗教と唯物論に対する各々の思想的解釈およびスタンスの相異にも及ぶ。先ず宗教に関して、前者が超次元的な諸宗教の宗教性（統合性：絶対無）を求めたのに対し、後者は無宗教の宗教性（根源性：唯物的空）を求め、また唯物的には、前者が神格的および歴史的権威という超次元的かつ全体主義的観念への即物的な無我的投企を奨励したのに対し、後者はそのような諸権威なる観念をも無化し唯物化していくアンチ全体主義的スタンスに従い、西田哲学の「転倒」と「超出」を促す。

次に、従来の三次元的な物理学世界に高次元的な「人間原理」や准‐高次元的な数理を取り込んだ現代宇宙物理学の世界観については、その思想的な革新性と限界が問題となる。先ず革新性については、〈ブラックホール〉や〈特異点〉にまつわる一般相対性理論や量子論に見られる准‐三（高）次元的な卓見が、当「唯物的空なる気の世界」観形成の有力な論拠となった点、とりわけ伝統の〈気〉にはらむ「観念的抽象性」を払拭させ、新たに「現代版：気」の観念を創成させた点が重要である。

次に限界については、宇宙物理学における唯物性とは自覚ならぬ即物的対象化を基本スタンスとするものであり、ゆえに映現する宇宙（世界）像はあくまでも限定の（準ずる）物象的な数理科学的世界でしかないという点に集約される。くしくも現代宇宙物理学における「統一論」への理論的および次元的要請は、自らの「理論的行き詰まり」を物語るものでもある。いずれにせよ宇宙物理学をいかに乗り越えるかは、いかなる統一論を目指すかにかかってくる。

ところが現実は、多くの科学者達はなおも自らの学的領域に拘泥し、かかる「限界」を超次元的な言説を以て乗り越えようとしている。しかしそのような試みは、伝統のガリレオ、ニュートン以来の、三次元的な物理科学的言説と超次元的神話との結びついた暗黙の数理的「調和」世界を、さらにウルトラ化し顕在化するだけである。真に乗り越え統一化を成し遂げていくためには、数理科学的システム論にのみ頼るのではなく、あくまでも地平的かつ次元的な総合論、すなわち専門科学者集団に巣くう宗教と科学の二元的な神的ヨーロッパ形而上学の伝統的な限界を突破し、準・三（高）次元的世界をベースとしつつも、なおかつ高次元的な世界を中心とする、まさに多次元的な「唯物的空なる気の世界」論（観）にこそ拠るべきであろう。

ところで西田哲学と宇宙物理学に対する批判的検証は、当然著者自身のテーマおよび能力の及ぶ範囲に限られ、当テクスト全般からすればそれは非常に重要な部分を占めるが、あくまでも共通・場からの筋立てとして、である。わたしの当テクストにおける究極の目的は、それが推論であれ仮説であれ、あくまでも自他ともにリアルに納得可能な「公・共」性の理論および世界を追求し形成することにある。したがってそこでの思索は、横断的で広範囲な領域に及ぶ。また思想史的には、日本社会の日常言語に刻印された古代インドや中国の〈空〉や〈気〉のアジア思想の再認識、「日本史」における戦前・戦中・戦後日本社会に対する思想的な問い、さらに神的ヨーロッパ形而上学および帝国主義や資本主義あるいは民主主義の絡む、いわゆるナショナリゼーションとグローバリゼーションによってもたらされた現代社会の思想的諸問題がその中心となる。

このような広範囲に及ぶラジカルな試論は、各々近視眼的な専門家達からは無視されるであろう。また日本の戦前・戦中そして戦後の保守思想の支柱となった西田哲学に対する「乗り越え」ともなれば、その筋からの非難も明らかで、さらなるマイナーな存在をも覚悟せざるをえない。この二重の覚悟の上でなおもこの構想に及ぶのは、わたしが「空的還元」や脱構築により構想する「〜のような（的）」世界観こそが、来る未来への有力かつ「納得のいく」公共哲学（論）を形成するための鍵となりうる、と信じるからにほかならない。それだけに当テクストの形成に当たり、多様な諸テクストの丹念な読みと理解に心がけた。

第一章　存在と意識の諸相

「私たちが存在するから、宇宙はこのように見えるのだ」（「人間原理」：『ホーキング、宇宙のすべてを語る』二二一頁）――マクロ的宇宙から俯瞰すれば我々は塵芥のごとき極ミクロ的刹那的な存在だが、いかにビッグで悠久の宇宙といえども、そのように認識する我々人間の存在を抜きにしては語りえない。いずれにせよ人間の〈存在‐意識〉の認識論的なこの両義性こそがあらゆる理論の前提としてある。とすれば宇宙とは人間世界であり、重要なことはしたがってかかる宇宙世界をただ漫然と見るあるいは認識するのではなく、どのように見るか認識するかにある。さしずめこの章では、認識主体である人間の「存在‐意識」の基本的な諸位相および様態について考えてみたい。

1　即自的・対自的位相

我々は日常生活において、自らの欲求や要求に促されて無意識的にモノを見たり聞いたりしながら行動していることが多い。ことさら自分の意識や思考をわたしのものとして自覚しているわけでもない。しかしそれでも「わたし」はわたしであると何となく信じて生活をしている。いわゆるあるがままのそのような我々の非反省的で無意識的・無自覚的な意識や存在、すなわちただ見、思（想）い、存在する、そのような様態を示す諸位相を、おおむね即自的な相とみなす。それは、哲学的には直観的、非反省的な意識一般および存在一般の位相であり、そこでは意識はあくまでも存在についての意識であり、存在は意識をはらんだ存在として存在している。意識と存在はいずれがドミナント化するかはその時々で変わり、基本的には両者は不離相即の関係にある。とはいえ一般的には、何となく存在が先行するものとみなされており、この「何となく」判断している素朴な実在的感覚はアプリオリであり、結果即自的存在がドミナント化し、存在論が語られるようにもなる。

ところで哲学の領域で存在と意識の相即的一体性を強調するために、「純粋経験」という言葉が使用されることがある。だがその場合ほとんど、論者の思想の特性によって意識か存在かのいずれかに重心がかかる。たとえば西田哲学の場合、彼のいう〈純粋経験〉とは、「思慮分別を加えない、真に経験そのままの状態[1]」でありながら、結局は「事実そのままの現在意識[2]」や「或無意識統一力」を背後に控える「純粋意識[3]」ということになる。すなわち彼の哲学においては、すでに絶対的な観念の「意識」が存在や対象を「包括」しており、経験は「体‐験」である前に「意‐識」でしかなかった。そもそも「純粋」といった修飾語が可能な絶対的な意識など存在するはずもないのだが……。たとえば西田がしばしば我田引水的に引用するE・フッサールの〈純粋経験〉を即物的な志向性に依拠し理解していたならば、「或統一者」などといった絶対的観念にではなく、「体‐験」に基づいたリアルな存在論を展開できたであろう。

即自（物）的存在とは、そもそもフッサールの「事象（柄）それ自体へ」なる現象学的方法に由来するもの。すなわちそれは志向された意識の超越対象である、ありのままの「現前」の対象である。ちなみにフッサールの方法に基づき、M・ハイデッカーやJ・サルトルさらにメルロ・ポンティ達は、即自的存在をそれぞれ「頽落」にある現存在、一切の価値以前のたんなる唯物的な存在、知覚（特に視覚）によるパースペクティヴな対象（存在）として開示し、そうしてそれぞれに実存的な分析を加え、独自の存在論を形成していった。なおこの場合即自的存在に対する解釈の差異は、現前の対象を志向する各々の即自的な意識自体の差異によるものでもあり、自らの社会的および思想的スタンスによって予め規定されていたとも言えよう。すなわち即自的存在は即自的な意識によって規定されるということ。しかし「存在」を存在として認識し分析し解釈する主体の意識とは、即自的な意識に規定されざるをえないとしても、何よりも即自的な存在や意識に否定的に対する、すなわち対自的な意識としてである。

対自的意識については、近代哲学・思想の出発点となったと言われる「われ思う、ゆえにわれあり」というR・デカルトの言葉の解釈が重要となる。この解釈をめぐっては、今なお取り沙汰されているが、わたしもこれまで幾度か論じたことがある。改めて喚起を促したいことは、かかる言葉を発するに至るデカルト自身の「懐疑」の内実、すなわち彼の社会的かつ思想的スタンス（背景）や目的についてである。デカルト自らが述べているように[4]、実は彼は、ラジカルな懐疑論者のように「疑い」や「否定」を徹底することで非決定を目指したのではなく、世の中で疑わしい点や誤りやすい点あるいは定かではない点に対し反省を重ね、決定的なもの（実体）を発見し、自ら確信を得ることを目指したのである。そのためのまさに方法的な懐疑であった。したがってたとえば神や国家や良識などの存在に対する信念や信頼は、予め「疑い」の対象から外されていた。ただ彼はあらゆる事象を確かなもの（実体）を土台として、哲学的な関連性と一貫性を以て明らかにしたかっただけである。

具体的に順追って述べよう。先ずデカルトは、方法的懐疑により当時の神中心のスコラ的な学問や日常的な即自的意識に対し自らに反省を促すなか、かく「疑い思い考えている」この対自的な自我意識（コギト）の確実（明証）性に思い至り、かかる自我意識を以て哲学の第一原理（実体）とした。次になおも自我意識の有限なる不完全性（欠如性、独我論的限界）を反省し、完全無限なる神を絶対的な実体として立て、さらにかかる神の本質の顕われである自己同一的な永遠なる法則の貫徹する物体界をたんなる延長する実体とし見立て、以上の三実体を柱に意識の構造化をはかったのである。こうして彼は独自の実体概念に基づき演繹的合理主義哲学を展開し、現代社会に多大な影響を及ぼす近代科学の思想的礎を築いたのである。この画期性は留意されてしかるべきだが、しかし問題は、彼のそもそもの不徹底な「懐疑」によってもたらされた自我、神、物質の三実体が、自我が神の無限絶対性を背景に物質や自然を支配していくという、対自的存在による科学主義的な信仰の構図を作ってしまった、という点にある。

即自的な意識に対する「懐疑」と「反省」によって対自的な自我意識を顕在化させたデカルトに対し、即物的なあらゆる〈現象 - 意識〉に対する自然的な態度を排除（判断中止）することで、なおも除去しえない残余の「純粋意識」を取り出し（現象学的還元）、さらにかかる意識の自由変更により普遍的本質を顕在化した（形相的還元）のが、フッサールであった。「純粋意識」とは、この場合対自的な「純粋我」や「超越的自我」の意識であり、その取り出された本質的構造は、ノエマ（思念される対象面）とノエシス（思念する作用面）の関連において明らかにされた。なおこの営為はあくまでも「構成」であって、そこに厳密な学への考究があっても、デカルトのごとき実体観念に依拠することはなかった。フッサールの「意識」とは、デカルトの、存在とは隔絶した「自我意識」とは異なり、あくまでも即物的な、すなわち存在を志向する意識であった。意識は存在についての意識であることは歴然としており、その点ではフッサールの理解の方がはるかに明晰で徹底していたと言えるであろう。とはいえ両者は即自的な意識や現象に対しそれぞれ「懐疑」や「判断中止」を以て反省を促し、「意識」の確かさを独我論的に自得した点では共通していた。すなわちフッサールもまたノエマ・ノエシスの区別をもたらす「純粋我」による「純粋意識」に依拠しており、その点ではデカルトの自我意識と近縁的であり、またいずれも理性主観的および学問的な関心の領域を超えることはなかった。

「存在‐意識」の即自的位相と対自的位相について、両者とは異なり明解に、前述の素朴な実在意識を重視し論じたのがサルトルである。彼はフッサールの「存在を志向する意識」に依拠したが、その際に〈純粋意識〉に至るフッサールの〈現象‐意識〉中心のスタンスとは異なり、あくまでも即物性に重心を置き、非反省的意識が志向する対象として把握したものを、「意識でない」即自的存在とみなした点にある。サルトルの場合、唯物的な「無意味で不気味な醜悪な塊」との遭遇が、現象学的な反省や還元に先行していたこともあり、結局フッサールの純粋で明晰な意識にではなく、実存的情動的な意識に依拠した現象学的存在論を形成することになった。反省の志向的意識はしたがって受動的な知覚的意識に還元されることのない、むしろ自発的な想像的意識（想像力）の究明・解釈に向かうことになる。なおこの自発的な意識は、所与の制約された学問的知を構成するのではなく、「状況」として体験される世界を構成する働きを有し、明晰で主体的な対自的意識として表出されるのである。

以上のサルトルのいわゆる現象学的存在論によれば、〈即自存在〉とは超現象的、意識によって巻き添えにされる、無時間的で、無規定的かつ偶然にして余計な存在であり、[5]〈対自存在〉とは「それが自己自身と一致しないかぎりにおいて存在するようにみずから自己を規定する存在」[6]、すなわち自己に対する、自己についての「反省以前的コギトの領域」となる。[7]〈即自存在〉が「意識でないもの」としての超越的な対象であるのに対し、〈対自存在〉は「存在でないもの」としての超越的な意識でもある。すなわちそれは、「醜悪なもの」を象徴する存在やそのような存在をはらむ世界を否定し、空無化する、自由で能動的な働きを有する。「意識の存在は、自己によって存在することであり、したがって自己を存在させることであり、それゆえに自己を乗り越えることである」[8]。とすればそこには〈人間的自由〉[9]により、絶えざる自己の存在に関して自己の存在において無化[10]し、自己を乗り越え、人間の本質を可能ならしめていく責務を負うことになる。だがそれでは「醜悪なもの」に規定されざるをえない主体の存在性は否定（捨象）され、無制約な主体性のみが強調されるばかりとなるであろう。

サルトルは、デカルトやフッサールが考えるように、自我が実質的にせよ形式的にせよ意識のなかに存在するのではなく、意識自体の反省作用を介して現れると了解した。それゆえにそれはデカルトの人間の「欠如」を共有しつつも、〈状況〉において自己を引き受ける社会的自己にまで高められる。だがそもそも「欠如」意識は、「完全性」の意識を前提にしており、いずれ自己は完全性を目指すことになる。その点では、彼の、意識の絶対的自発性とは対自の無限的遡行を避けるべきという言葉[11]とは裏腹に、意外にも西田の「或無意識的統一力」に促された「純粋経験」や「純粋意識」のなかでの、無となった自己において自己を見るという〈無の自覚的限定〉にも近似してくる。自覚の問題および内実については次章で詳論するが、西田によれば、真の自覚とは、「意識それ自身の活動の体験」であり、「無限の内面的発展」すなわち「無にして自己自身を限定する」ことであった。[12] その境位は意識の志向性を異にするが、「超・世界の無」より全体化（目下「進行中の統一化作用」）を目指すサルトルの、反省を促された対自的な内在的自覚とも重なってくる。

ところで「存在 - 意識」は即自と対自の二元的位相により判然ととらえられるわけではない。すなわち即自的位相をたんに「ありのまま」「それ自体」として了解することで済ませ、他方対自的位相を自由で主体的な位相からのみ「純粋に」とらえることはできない。サルトルは、対自とは「自己を意識として根拠づけるために、即自としての自己を失う即自である」[13] と言っている。そもそも存在や意識を即自と対自といった単純な二元的位相でとらえられるものではない。現実には相互の関係は複相的であり、即自のなかに対自が、また対自のなかに即自が絡み合い、さらに言えば対自と即自がまるごと対自にも即自にもなるということ。たとえば、日常生活の反省的および非反省的な生活や行動のなかに、宗教的あるいは道徳的、倫理的さらには科学的な対自的な所作が含まれ、また対自的な行動とは言え、当の人物が即自的な観念や言動に支えられていたりとらわれていたりする。

多次元的な生活世界のなかで人間が多様な〈態度変更[14]〉を行うが、ことさら対自的な様態が問われるのは、小説家サルトルがアンガージュマン（参加）を志向したような、社会政治的場面への主体性が問われるときであろうか。いずれにせよ重要なことは、たんなる態度の変更や場面の選択にあるのではなく、各々が自らの場を統一的にとらえつつ、世界をどのように見、世界にどのように関与していくかにある。たとえばとりわけ科学者の、その生活世界に及ぼす影響が大きいだけに、時の即自的政治権力に追随することのない対自的態様とその内実が問われねばならないであろう。

2　関連の諸相

「存在 - 意識」を即自と対自の二元的位相でとらえる了解の仕方は、おそらくはプラトンのイデア的観念論さらにはアリストテレスの質料と形相の哲学など古代ギリシャ哲学に淵源する。そこでは対自は無限遡行的につねに自らを超え支配する「神」を控えさせ、即自はそのような超絶の神を指向（志向／至高）する、弁証法的展開のために貶められた属性的存在でしかなかった。プラトン・アリストテレスによって定式化されたディアレクティケー（弁証法）とは、ソクラテスの「産婆術（問答法）」のイロニーを隠蔽することにより、以上の二元的格差を前提に推考された論証法にすぎなかったのだ。問題は、かかる二元的格差に基づいた論証法が、近代以降デカルトの実体証明の論法を経て、F・ヘーゲルに至り、論理的かつ動的な史的観念的弁証法にまで高められ、神的ギリシャ - ヨーロッパ形而上学の伝統が構築された点にある。

　ヘーゲルは、矛盾、否定、止揚を介して自己実現していく神による神への過程を、有・無・成という論理的な基本概念に基づき、即自、対自（向自）、即自かつ対自という、対自的存在の動的位相を以て観念的に定式化し、各々位相間の関係を神的な弁証法の運動としてとらえた[15]。サルトルは、ヘーゲルの究極の真理にまで至るこのような観念的な弁証法を質的に解釈し、その論理を日常的な具体的経験や状況のなかでの個人的な批判的実践に置きなおしとらえようとした。すなわち彼は、即自と対自をヘーゲルのように観念的形式的にとらえるのではなく、前述したように、あくまでも存在と意識の一体となった、すなわち即自的な存在と対自的な意識を相即的な位相の関係においてとらえ、「対自は、自分の外に、即自のなかに存在する。というのも、対自は、自分がそれであらぬところのものによって、自己を限定させるからである。即自と対自との最初のきずなは、「存在のきずなである。」とみなしていた。[16] 即自と対自は、このようにサルトルの一元的な存在論の二様の基本的な位相関係となったが、しかしそれでもサルトル独自の実存的な質的弁証法なるも、ヘーゲルの弁証法的な論理が重要な役割を演じた。即自と対自が二様の契機となり後者による前者の否定を介しての即自かつ対自なる「神的人格化」を目指し、結局神的ヨーロッパ形而上学の伝統の枠内に収まることになる。

いかなる弁証法もギリシャ - ヨーロッパ形而上学的伝統に根差しており、即自と対自における後者優位の価値的関係が前提となる宿命とともにある。あえて弁証法を採用しない場合でも、ヨーロッパ形而上学の伝統を脱しないかぎり、たとえば無神論的なハイデッガーの哲学であっても、頽落の現存在と道徳的・実存的な存在、即自と対自の価値的非対称な関係を擁立してしまうことになる。ただメルロ・ポンティの両義的な哲学は、価値的二元論ではなく融合論によるものであり、弁証法的存在論からは自由であった。彼によれば、「存在」とはその構造化が意識の様式であるような〈場所〉であり、即自と対自の「融合」は、絶対的意識の中ではなく、混沌の存在の中で起こるとされる。[17] そこでは、サルトルの「全体化」も、西田哲学の絶対的観念も成立しない。重要なことは、「先行しているはずのある存在の顕在化」ではなく、「存在の創設」にあるのだ。[18]

メルロ・ポンティは、対自と即自の関係を意識と物質（存在）の関係として比喩的にとらえ、それぞれを二様の異なった水準のゲシュタルトとみなし、そこではそのつどより統合性の高いゲシュタルトがドミナント化されるだけで、両者のアプリオリな価値的関係は認められないと理解した。彼が精神を身体の裏側ととらえるのもその意味においてである。ちなみに彼のこのような両義的かつゲシュタルト的な把捉が可能であったのは、フッサールの意識の現象学を、知覚の現象学としてとらえ直し、「存在‐意識」の両義性を「知覚‐身体」の両義性においてとらえたからである。彼によれば、現象学的還元とは、観念論哲学の定式ではなく、世界を前にしての〈驚異〉を発する実存哲学の定式であり、ゆえに還元が「一時さし控え」となり、完全なる還元が不可能となる。そこで現象学の任務とは、世界と理性の「神秘？」の開示にあり、その特性は未完結性、更新性、不可避性においてあり、世界の歴史の意味をその生まれ出る状態においてとらえようとする意志によって、現代思想の努力と合流することが目的とされるのである。(19)

即自と対自に関連する「存在‐意識」の位相として〈脱自〉や〈投自〉がある。脱自とは、文字通り自己自身からの脱出を、他方投自とは自己を投企すること投げ出すことを意味する。我々の即自的かつ対自的な在り方が日常生活における通常の、その時々の意識や存在の諸相を示すそのなかに、脱自的および投自的位相もまた観察され含まれる。そもそも即自的な在り方とは、とりわけ意識せずして何かに没頭する場合のように、あるいはことさら集中することのない無意識的な時空的感覚作用においても、そこには自己意識を脱したあり方が見られる。端的に言えば、何かを知覚しあるいは認識すること自体、脱自的な在り方を示しており、その点ではことさらここでとりあげ論じるほどの意味はないように思われるかもしれない。しかしながらそのような脱自的な在り方が投自的な在り方とともに、人間存在の即自と対自における実存的な在り方として思想的に問われる場合、その選択的契機においいて、世界史的およびイデオロギー的な意味をはらんでくる。

なお前述の存在論的な二元的価値論と融合論とでは、かかる脱自や投自に対する理解も異なってくる。弁証法的な二元的格差価値論では、必当然にして「時間性」が重視される。特に、ハイデッガーの二元的価値論に基づいた「時間性」を中心とした存在の脱自的かつ投自的分析は明晰である。彼は、時間性とは根源的な「脱＝自」それ自身であり、その本質は諸脱自態の統一における時熟であるとし、[20]して日常の非本来的な派生的時間はこのような〈根源的時間〉の脱自的な性格を水平化してしまっていると指摘する。さらに彼は、〈根源的時間〉性は将来から時熟すると考え、本来的な生を生きるためにも有限的将来に被投されている我々は、その先駆的覚悟性を以て〈非性（空無性）〉を実存的に了解すべきと説く。すなわち現存在としての人間は、世界内存在として〈そこ〉に〈被投〉されているという、この露呈のなかで脱自的に存在の真理の（秘密の、明るみの）内奥にしがみつく被投的脱自が、存在の開空なる場所性（非空間的場所）に住みつくことで、そこに存在のヴェールたる無を介して存在者と存在との間の思索の逆転・転回が生起し、新たに未来へ向かって「計画する」投自的存在であることに気づかされる、というもの。世界内存在としての人（現存在）が、眼前のありのままの現象を現象学的還元と形相的還元によって厳密な知の再構成を行ったのがフッサールであったのに対し、かかる人の日常的在り様を非本来的（頽落）と見定め、モノやヒトと関わる配慮や考慮を、実存主義的および解釈学的現象学によって「憂慮」に還元し、さらにそれを時間性に還元することで、本来の自己の在り様を開示したのがハイデッガーであった。改めて人とは、したがって被投的可能性として自己自身の存在可能へと投企する投自的存在として、「有限なる将来」すなわち「死への存在」の先駆性により「良心」の呼び声に順ずる、まさに本来あるべき投自的脱自存在でもあるとみなされうる。このようにして彼の非本来的・本来的という価値的格差二元論に基づいた形而上学的存在論が形成された。

　サルトルもまた時間を派生的時間相応の心的時間と根源的時間の二元的な解釈をした。前者は一種の惰性によって、反省するものの面前に支えられ、その形式は、所与のものであり、無限分割が潜在し隠蔽される時間とみなされる。なおその点ではH・ベルグソンの〈持続意識〉による〈相互浸透性〉も、受動的所与という惰性による心的時間概念に沿うものであり、その空間性は諸部分を前提とする魔術的粘着による直観の世界でしかなかった[21]。他方後者の根源的な時間性については、サルトルは「時間性は対自が脱自的に対自であるべきであるかぎりにおいて、この対自の存在である[22]」と了解し、さらに対自が自己を時間化し、自らの弁証法をもって人間存在の構成する存在全体へ向うことを本旨とした。それゆえ、ハイデッガーが人間存在の自己了解をたんに自己自身の可能性の「脱自的投企」と定義づけたことに、サルトルは、かかる脱自的かつ投自的在り方を認めつつも、彼の「了解」であることについての意識の次元を欠いた在り方および性格に対しては、再び盲目的な即自に陥らせてしまうと批判した[23]。

「盲目的な即自」に陥らないためにも、サルトルは人間存在を自己自身のうちに無をたずさえ、世界を無化することによって世界と距離をとり、同時に自己をも無化することによって自己自身から自由に脱出する脱自的存在であるとみなした。脱自を無化による「まったく自分の存在であらぬままに自分の存在」であるように、同時的に出現する種々のありかたおよび「自己との距離」のとりかたとして、過・未・現の時間性においてとらえた。すなわち彼は、対自による三つの脱自のありかたとして、対自は、自分があるところのものであらぬ、自分があらぬところのものである、不断の指し向けの統一において、それがあるところのものであり、それがあるところのものであらぬ、という時間の次元を問題としてとり上げた。[24] さらにこの三つの各次元を、それぞれ「「自己」へ向ってむなしく自己を投げ企てる一つのしかたであり、無のかなたにおいてわれわれがあるところのものである一つのありかたであり、対自があるべきであるところのかかる存在の下落、存在失墜である場合の、それぞれのありかたである[25]」とし、対自の事実性と欠如性と非存在（空洞）性を以て示し、特に最後の「現在」を不断の指向けの統一、時間性の全総合形式にとって不可欠の次元として重視した。

サルトルが現在的脱自の在り方に重点を置き、統一的な状況認識を重視したが、ハイデッガーは内在的な未来的脱自に重点を置き、結果世界に被投された現存在の純粋培養された環境のなかでの「憂慮」のみが取り上げられ、被規定的な社会的状況認識が希薄なままに、彼の「良心」の呼びかけはナチス民族中心主義のデマゴークの声と共鳴し、自らをそして民衆をあらぬ方向へと「転落」させることになった。サルトルの社会的状況を踏まえた自己了解には、そのような事態は起こりえなかったが、しかし彼の「存在の欠如」を回復し乗り越える（止揚する）本来的な脱自存在の投自的な在り方やその志向する全体化に、非本来性‐本来性という二律背反的および価値二元論的な弁証法的了解が混在しており、脱自および投自をそのような了解に基づいてとらえようとした点では、ハイデッガー類似の「転落」への危険性をはらむものでもあった。

では融合論および両義的身体論に根差したメルロ・ポンティは、脱自‐投自をどのように了解したのだろうか。彼によれば、脱自および投自とは、無限概念を廃止することによって、現存（存在）でも不在（虚無）でもなく、地平の謎を担っている無を到来せしめる「存在」となる。すなわち視る者としての自我は、歴史的現実世界に脱自的に住みつきながら、内外的時間的地平のなかで予期的に統握される世界を見ている。そこでは自己の外部に投げ出されている自我は、理念的な即自や絶対的な自我ではありえず、絶対他者としての無、生で野生の存在、無人の自然からの現象化（現象学的発生）として統握される。[26] このような了解からすれば、野生的および未開的な人間的本質の隠蔽された、存在の明るみや真理にのみ奉仕する解釈学的なハイデッガーの脱自的「転回」は不徹底であり、否定性により全体化に及ぶサルトルの対自も脱自もひっきょう即自的な個人的実践の域を出ないことになる。なお西田哲学における脱自的かつ投自的な世界も、ハイデッガーおよびサルトルの世界と同様、野生的・未開的な人間的本質が予め隠蔽されている点では、類似の境位にある。とはいえかく批判するメルロ・ポンティの「野生の原理」には、野生的な唯物性よりも神的創造性の観念がドミナント化しており、彼の言う「自己再帰性」にはすでに神の弁証法的再帰性が宿っており、深淵なる「奥行」は「無に到来する」神的全体性を想像させる。

　ちなみに「実存」が唯物（自然）的かつ野生的地平を伴った構造論と手を携えるならば、現存在による「不断の指向けの統一」において、望ましき未完の「全体性」が開示されるのではないか。なおそのためには対自‐即自の位相を超える、関連の対他的な位相が明らかにされなければならないであろう。「存在‐意識」の即自的位相と対自的な位相は、相対的相互的でありまた遡行的でもある点では、自己の意識や身体も対自的にも即自的にもなり、さらに即自的にして対他的ともなる。ただ対他的位相に関しては、それがあえて問わるのはあくまでも他性および他者性として、であり、とりわけそれが対自的位相の成り立ちの前提でもある点では、まさに重要な哲学的な課題となる。

3　対他的位相

リアルな他者の存在了解については、サルトルの〈他性〉論は精細であり卓越している。彼は、何よりも先ず他者を私の経験の根本的否定としてあらわれる「私であらぬ者」として、一つの心象としてとらえる。(27) そこには、後に述べるフッサールやハイデッガーのたんなる「我々」であるような〈私と汝〉、すなわち〈間 - 主観（モナド）〉的およびア・プリオリな〈共 - 存在〉であるような独我論的他者認識および了解はない。またヘーゲルのように、他者を自己意識の発展の必然的な一段階とし、自己同一的な認識上の真理に還元してしまうようなこともない。サルトルにとって他者すなわち〈自己の外における存在〉は、脱自や内的否定でもなく、自己の定義なのである。(28)

「私自身の最も深い内奥において、私は、他者の存在を信じる理由を、見出すべきなのではなく、むしろ「私であらぬもの」としての他者それ自身を見出すべきである」。(29)

「私が他者を対象としてとらえるとき、その把握は、蓋然性の域を出ない。……根本的な把握において、他者は対象としてではなく、《親しくじきじきの現前》としてあらわれ、《他人と - 共なる - 一対の - 存在》への事実上の指し示しは、本来の意味での認識の外において与えられる」。(30)

「自己の外における存在」としての他者の出現とは、「私の宇宙のなかへの一人の人間の出現」であり、そこでは私が他者を見ることが他者に見られることを意味し、他者は私の対象から逃れ去っていく。サルトルはさらに、「他者によって見られている」というすなわちそのような「他者のまなざし」を、「私の行為のさなかにおいて私自身の諸可能性の固体化および他有化」(31) を促すものとしてとらえた。であるならば私にとって、まさに「他人は地獄」となってしまうが、しかし彼は、他者了解を否定するものではない。事実彼は、否定的でリアルな対他関係を踏まえることで、「他有化」に伴う「私有化」への「危機」を回避する、そのための民主的なコミュニケーションを重視した。「自己の定義」としての対他的位相におけるサルトルの両義的な了解とは、自己自身のうちにおける対自と「他者」との対立であり、両者は相互に他ではあらぬものとして、「自己の存在のうちに他者の存在を含む」否定的内面的関係を生きていることになる。してわたしの対他存在とは、他者に対するわたしの自己性の条件としてのわたしの存在そのものとなる。それはたんに超越論的主観により〝構成〟されるような間‐主観的な「他者（他我）」ではなく、「まなざし」を介して自己自身たる対自と「出会われる」、まさに内面的な結びつきにおいて存在すべき他者であり、その場合対自である自己が自由であるように、他者もまた自由な主体であることが前提となる。ゆえに「まなざし」の体験は対他的存在としての相互主観的コギトの存在をも〝了解〟せしめる。とはいえお互いの超克（他有化‐私有化）すなわち客観的な対象化や相克関係から逃れられるわけではない。いずれにせよこのようなサルトルの自己と他者との相互的かつ相克的存在関係の了解には、両者に対する有限的相対的な理解があっても、絶対性や無限性の観念はない。

以上のサルトルのいわゆる相対的「自同者」を前提にした他者論に対し、M・ブーバーや西田による神的な〈絶対他者〉論や、レヴィナスによる無限に異質なる他者論を唱える宗教的言説がある。西田は、『無の自覚的限定』において、〈私と汝〉の関係について次のように述べている。

「私の底に汝があり、汝の底に私がある」（一八一頁）。「自己は自己の中に絶対の他を含んでいる。

……自己が他、他が自己となる媒介があるのではなく、自己は自己自身の底を通して他となるのである」（三八〇頁）。「……自己の内から他に、無媒介的に飛躍的に移る」（三八四頁）。「私と汝は互いに弁証法的関係に立ち、相互に人格的行為の反響により、相互を知りうる」（三九一頁）。
我と汝との関係が成り立ちうるのは、直観により「自己の内に絶対の他を見る。絶対の他の中に自己を見る」（三九〇頁）からであり、何よりもそこにはノエシス的超越の極限において絶対の他（絶対神）を見るという人格的自覚が絶対的な前提および条件としてある。そしてこの「ノエシス的超越の極限」の場が、西田哲学の核心をなす〈絶対無（即絶対有）〉である。根源的本体たる、かかる絶対無なる場において、多数の個物間の関係と同様、自己と自己、私と汝、さらに私と汝と彼（それ）との関係が成立する。すなわちすべてのものの出会う「場所」が絶対無においてあり、私と汝はその無限大の円の中心においてある、とみなされる。西田のこのような超次元的かつ高次元的な、絶対的にして抽象的かつ観念的な私と他との関係の了解は、後に『哲学の根本問題』において次のような社会的な共‐存在的な理解へと発展していく。「私と汝（他者）の表現の世界は〈公の場所〉と考えられる。……私は汝との共同の世界に於いて自己自身を表現する」（一四六～七頁）そこでは一般的自己の世界が場所的限定に基礎づけられ、ヘーゲルやK・マルクスに倣い客観的な世界が私と汝を社会的に限定するものとしてとらえられている。だが実際には、そこでの彼の表現的行為とは、ヘーゲル類似の余りにも観念的な、自己を超越した絶対無からの客観的当為が意識されていたにすぎなかった。[32]
なおサルトルの相互的かつ相克的な関係性は、西田にあっても、ブーバーとともに「私」と「汝」および「彼（それ）」という他性の人称的区別によってある程度了解されていた。すなわち西田によれば「汝」とは二人称にして、「私に対して超越的、絶対に他なるもの」であり、その関係は、「非連続の連続」の関係にして、お互いがお互いの底をとおして出会われる「絶対に他なるが故に内的に結合した」かつ「絶対無を隔てて、相互に応答し反響しあう」内面的人格的互恵の関係にあり、[33]「彼（それ）」とは、ブーバーの「何ものか」すなわち彼、彼女、第三者に相当し、「私」との関係は私的かつ対象化された世界において成立する。「私」は、「汝」とは「相互に向かいあう」（ブーバー）および「底において出会う」（西田）存在関係においてあるが、「それ」とは経験や配慮の関係にある、ということ。「私」にとって「汝」と「それ」とは、「昇華」と「転落」の価値的非対称の対象であり、「私」の実存的な目的は、もっぱら「汝と私」の関係が「絶対者と私」の関係にまで昇華され宗教的な使命を帯びるところに設定される。西田の絶対無（神）やブーバーの「永遠の汝」のごとく、両者の非対称性を解消（神人一体化：西田）するにせよ維持する（ブーバー）にせよ、それはいずれも神的〈絶対的他者〉と信仰的至高の関係に入る点では、明らかに神的ヨーロッパ形而上学の伝統に沿うものであった。

サルトルの全体化志向にも類似の伝統が見てとれるが、しかし彼の「私と汝」の他有化によるリアルな対他関係論は、西田・ブーバーの神的〈絶対他者〉論はもとより、無神論的な柄谷行人の他者論[34]やレヴィナスの〈無限なる異邦人〉論に見られる、無限に異質なる〈他者〉論とも異なる。柄谷は、西田の「私と汝」の関係了解に対して、「……・いわば「神（一般者）と私」との関係にすぎない。「汝」はいささかも〝他者性〟をもたない」[35]と批判する。至当な批判である。とはいえ柄谷にとっての「他者」とは、サルトルの相克的相互性以前の、〈言語ゲーム〉（L・ウィトゲンシュタイン）の成立しない無限に異質な「他者」である。レヴィナスの「他者」もまた、無限に超越的かつ異邦人的なものでありつづけ、〈他者〉の顔においてその顕現が生起するが、その顔は私に訴えているけれども、私たちに共通でありうる世界と手を切っている、とみなされる。[36] そこでは神的な「絶対他者」への志向性はなく、ただ無限にして非対称なる「他者（異邦人、未来、過去の人々、異種・異世代者など）」に対する忍耐強い〈歓迎・呼応〉の「待ち」の態様と〈命がけの飛躍〉による交流があるだけである。しかしそのような無限に異質な他者論には、意に反し〈絶対他者〉論と通底する神的世界が垣間見られる。

柄谷は、フッサールによる〝構成〟された他我は、結局「自己移入」「自己の変容態」にすぎず、そのフッサールの間主観的他我性を克服したとされるハイデッガーの「共同存在」とともに、いずれも他者性をもっていないと批判し、むしろフッサールが独我論と批判したデカルトの「神」にこそ他者・差異性があるとした。対他的存在および他者には、外部性として単独にあるということが、絶対条件としてなければならない。したがってデカルトが諸共同体の外部に在ってその存在を単独者として疑い、さらに自らをそのように思わせるように促している何かの存在を推論し、それを神とみなすならばその存在こそが絶対的な他者となる。それがそのまま彼によるS・キルケゴールの「神人」なる「他者」の了解[37]とも重なる。レヴィナスの無限なる「他者」もまた、神的〈全体化〉を拒みつつも、「形而上学的渇望」は、「他者」の、聖なるものの暴力を浄化した絶対的で、高貴で至高的かつ完全なる「他性」へと向けられる。[38] だが無限なる「他者」とはひっきょう神の代理人としての〈絶対的他者〉ではなかったか。

フッサールやハイデッガーの他者論には、「命がけの飛躍」をはらまざるをえないコミュニケーション（対話や交通・交換）の問題が初めから消去されていたことは明かである。しかしデカルトやキルケゴールの「神」であっても所詮すでにコミュニケーションによって与えられた諸共同体の観念にすぎず、その点では五十歩百歩ではないだろうか。ただしキルケゴールの〈単独者〉が絶対者との無縁の地平において、サルトルの相克関係を踏まえての他者了解および共（響）存の内的かつ外的関係の形成に向かうのであるならば、これまでの「私と汝」の了解を凌ぐリアルな対他関係を取り結ぶことが可能となるであろう。

そもそも絶対的に異質な他者とは、少なくとも私秘的で超次元的な世界のなかでしか出会うことがないであろう。ましてや「モノ」を媒介に生活している世界のなかで、「共（響）存」関係も「歓迎・呼応」の関係も、おおむね望みどおりには存立しえないのが現実である。また「私・共」的な信仰の世界にあっても、「私と汝」とは、絶対的に非対称なカリスマ世界の「主・僕」の関係を形成するか、また教義の些細な差異だけで憎悪し合う関係へと転落するか、一層相克的な世界に落ち込む危険性をはらんでいる。いずれにしても両者の関係をあえて融和的にとらえるとしても、また両者を媒介する「モノ」による桎梏および疎外関係をいかに政治的経済的に取り除く努力が払われようとも、少なくともこの多次元的な生活世界にあっては相克的な関係は永遠に存在し続けるであろう。

鈴木亨はサルトルの「響和」のない弁証法的理性をことさら批判し、響和性の欠如した資本制社会における非人称的関係を実存哲学（愛や無我）とマルクス主義によって内面的かつ外面（物質）的に止揚・克服することを唱えた[39]。だがそこではサルトルの対他的な「了解」と「相克」の両義的な事実関係は冷静にとらえられていない。「響和」とは、「私と汝」との望ましき関係性を語るものであったとしても、そのような関係とは、現実世界では、刹那的および局所的でしかない。それがその都度の非時間的永遠性を内包するものであったとしても、生活世界にあっては一過性にすぎない。かかる時間性の強調は、ともすれば論者をして自らの日常的な身体の感覚を鈍らせ、非現実的な理想論者に貶めてしまうであろう。もとより鈴木には、彼がL・フォイエルバッハによるリアルな身体的観点すなわち〈私と汝〉の二人称的な対話の弁証法として〈間‐主観性〉を超えた〈間‐主体性〉の観点を称揚したように[40]、感性的、身体的および社会的な自己の了解があった。しかしそれでもフォイエルバッハの「私は他者を根拠とした存在者である」[41]という観点が充分にくみ取られず、他方神性を人間の本質とみなすフォイエルバッハの思考の限界に対しても、充分理解されていなかった。

融合的な〈間‐身体性〉に依拠するメルロ・ポンティの他者了解にも、いくらかは「私と汝」の響和的な神的関係と類似する「限界」が認められる。しかしそれでも彼の他者論には、納得いく筋立てが見られた。「他者の問題」に触れて、彼は、他者とは成行および運命として外から自由に眺めたすなわち主観に対立する主観のようなものではなく、この世界におよび我々に他者を結び付けている配線の中でとらえられるものとみなし、ゆえに本質的な問題はサルトルのような〈他有化〉ではなく、表明するという意味すなわち言語の意味で「共有化」することにある、と理解した[42]。〈肉〉としての身体、それゆえ彼にとって他者を「見る」ということは、自己の身体を客体化すること、そして他者はこの経験の反対側ないし地平だということを意味する。両者の身体の経験それ自体が、同一の「存在」の二面、すなわち相異の中の同一‐超越であるということである[43]。「共有化」が超越的に先行し、客観的超越は他者の後に定立されるのではなく、世界はそのような形式ですでに現存している、ということ。ゆえにそこでは、アポステリオリな情動的で響和的な世界の前提ともなる、すなわち対自かつ対他存在である私の身体の、優勢なもの、潜在的なもの、ないし隠れたものの居合わせである、かかる可視性が、知覚を予期するテレパシーの原因となる[44]、そのような生きとし生けるものとの野生的、水平的かつ次元的な交流世界がアプリオリにとらえられるのである。

対他関係が野生的かつエロス的な関係である点では、愛情や融和あるいは共感なる、根源的自然的な「共有化」は不可避のアプリオリ性をはらんでいる。だがその強調だけではレヴィナスも指摘するように、〈他〉を〈同〉に従属させることになり、〈異邦人〉たる超越的他者を「歓迎」する倫理は反故にされてしまう恐れがある。(45) とはいえ問題は、他者を「神」のごとく無限に絶対視し、そのエゴの志向的変容を認めることを拒否するレヴィナスの「形而上学」にもある。J・デリダが、『エクリチュールと差異（上）』の中で、かかるレヴィナスの言説を批判し、「他人の無限性は、積極的無限性としての「神」とか「神」の類似としての「他人」ではない」（二二〇頁）と明言し、「自同者とは他人の他人であり、他人とは自己自体と自同的であることを前提にしている」（二四五頁）「他人はエゴとしてしか絶対的他人ではない」（二四七頁）と述べている。もっともな指摘であり、要は「まったき他者」（デリダ）として、「共有化」と同地平において、サルトルの言う羞恥や憎悪や嫉妬の絡む「他有化（私有化）」のアプリオリ性をも認めるべきなのだ。無限とは、有限の連続という意味では、「他者」にのみ「要請」されるものではなく、「存在と意識」のすべてに関わる。とすればレヴィナスの積極的無限を示す〈素顔〉もまた暴力をとどめ、同時に暴力を誘発するものとして、空間の根源をなす有限なる「身体」の両義性においてとらえられるべきではないか。そこではしたがって、対自の「意識と存在」の境界を繋留する、対自でも対他でもある無意識的な「身体 - 情動」が問われることになるであろう。

共有化と他有化にはそもそも明確な境界がない。ただし「わたし」はすでに「われわれ」として現前の「公」共性において存在している。「わたし（われわれ）」に宇宙がそのように「見える」のも、すでに「公」なる社会の言語や知識が「自同者」としての我々の、斉一的な身体の無意識的な諸能力に刻印され共有化されているからである。問題は、共（公）有化された知識の他者性（諸テクスト）が権威を帯びるに伴い、他（私）有化の強度が強まるという点にある。「公・共」性[46]を限りなく保証する、そのような社会および理論や思想を望むならば、すでに他（私）有化された「公」なる世界を、たえず脱かつ再構築し更新していかなければならない。そのためにも「わたし（われわれ）」が何をどのように自覚的に「見る」か、すなわち遅延を余儀なくさせ、潜在的および隠匿されたものを居合わせ予期させる、かかる「見える」ものの地平的かつ次元的な意味の総体を問い理解し批判し反省を促す、まさにそのような「存在・意識」の対自的および対他的位相を総括する「覚・自」的位相の解明すなわち自覚の内実が問われねばならないであろう。

〈注〉

1 『善の研究』一三頁。
2 右同書、一四頁。
3 同書、一七頁参照。
4 『方法序説』四一頁参照。
5 『存在と無（Ⅰ）』四六〜五七頁参照。
6 右同書、二一八頁。
7 同書、二〇七〜一三頁参照。
8 同書、二〇〇頁。

9 サルトルは、自由をカントや西田のごとく無制約で絶対的なものとしてみなしたのではなく、人間の本質に先立ち、存在の否定（否性や無化）を行えうる、あくまでも人間的自由としてとらえていた（『存在と無（Ⅰ）』一〇九～一〇頁参照）。

10 無や無化作用については、拙書『空的還元』でも述べたが、要するにサルトルは無を存在の矛盾概念として〈存在の無〉〈存在につきまとう無〉ととらえ、かかる無の無化作用によって、欠如を蒙る「即自存在としての自己」を超え、全体としての人間存在そのものへ向かう、と考えた。

11 『存在と無（Ⅰ）』二六～七頁参照。

12 『無の自覚的限定』九四～一〇二頁参照。

13 『存在と無（Ⅰ）』二二五頁。

14 柄谷行人は、〈態度変更〉とは、一つの事柄が認識的、倫理的および美的な判断の対象となる場合、それぞれが他を括弧に入れる（無‐関心性にする）ことにより成立する、と言っている（『倫理21』六五～九頁参照）。

15 なおヘーゲルは、〈即自〉から移行（止揚）した〈対自（向自）〉について、それは他物を自分から排斥し、単独にある自分自身に帰り、自分だけに関係する存在であるが、同時に排斥が他者への関係であるがゆえに牽引的でもある、と述べている（『哲学入門』一六四～五頁参照）。

16 『存在と無（Ⅰ）』四二七頁。ヘーゲルの「移行」が「即」として質的にとらえられている。

17 『メルロ‐ポンティの研究ノート』一四一頁参照。

18 『知覚の現象学1』二三頁参照。

19 右同書、二五頁参照。

20 『存在と時間（下）』五六頁参照。

21 『存在と無（Ⅰ）』四〇四～五頁参照。

22 右同書、三四二頁。

23 同書、二〇八頁参照

24　同書、三四三頁参照。
25　同書、三四四頁。
26　「投自」（マルク・リシル著・加藤登之男訳、『モーリス・メルロ・ポンティ』六四頁（本文）と七五頁（訳注）を参照。
27　『存在と無（Ⅱ）』三九〜四一頁参照。
28　右同書、八四頁参照。
29　同書、八九頁。
30　同書、九二〜三頁。
31　同書、一一八頁。
32　〈絶対無〉の語源は『無門関』（無門著）の「絶対の無」にあり、それは元来「有無に渉らざる無」「とらわれ一切の蕩尽超絶」に及ぶ徹底した無化を意味していた（『禅』六五〜六頁参照）。しかし当の西田は、そのような「おのずから全くの無そのものになりきる」心性の徹見としての「絶対の無」を、究極の観念的実在〈絶対無〉即〈絶対有〉として改釈した。
33　『無の自覚的限定』三八〇頁参照。
34　『探究Ⅰ』一一〜七頁参照。
35　右同書、二四八頁。
36　『全体性と無限（下）』三〇頁参照。
37　『探究Ⅰ』一三頁および一八八頁参照。
38　『全体性と無限（上）』四二頁参照。
39　『響存的世界』二四〇〜九八参照。
40　『西田幾多郎の世界』一一二頁参照。
41　『唯心論と唯物論』二三五頁。
42　『メルロ・ポンティの研究ノート』（原題《他者》）一一三頁参照。

43 右同書（原題：フッサールの生ける現在）、一二六頁参照。

44 同書（原題：テレパシー）一〇六頁参照。

45 『全体性と無限（上）』において、レヴィナスは、存在者との関係における存在優位を肯定することは、存在者であるだれかとの倫理的な関係を存在者の存在との関係に従属させてしまう、と述べている（六七頁参照）。

46 斉藤純一の『公共性』（一～七頁）によれば、公共性とは国家的「公」を超えた「すべての人々に関係する共通のもの」「誰に対しても誰もがアクセスできるオープンな空間」「複数の価値や意見の〈間〉に生成する空間」「一方的、排他的な帰属を求めず、人称的で、脱国境的」な民主的な場であり、その形成の方法としては合意性（ハーバーマス）や複数性（ハンナ・アーレント）が重要な役割を演じる。なお「公・共」性には、人称的「公」を超えた、非人称的「公」をも包み込む意味が込められている。すなわちそこでは斉藤も指摘する（Ⅱ：2章3節）ような、単独者としての個体の生と同時に、生物学的生命や身体の同一性および多様性を有する共生（棲）の、また前述の山脇の「活私開公」をはじめ、加藤典洋（『日本の無思想性』第3部他）の主張する「ヒトとしての私利私欲をベースとした公共性」や、東浩紀の指摘するような（『ゲンロン〇　観光客の哲学』一〇八～一一一頁）、動物的な労働者、消費者、私的な存在の関わる私的かつ「私・公」的公なる場、社会理論が重視されるであろう。

第二章　自覚とその内実

「汝自らを知れ」（ソクラテス）――これはまさに自覚を促す言葉である。しかしその内実たるや今やソクラテスの意味した自知能力に対する反省を超えて、理解されなければならない。なぜなら「汝」は多様な「場」によって規定され、対自的および対他的位相において、複雑多岐にわたる自覚に晒されているからである。自覚の共有化が試されているとも言えようか。総じて「自覚」とは、自分で自分の価値や能力および特質さらに自分の状態や社会的位置および行為など、自らにあるもの、対するもの、おいてあるものなどについて自らが認識し反省する能力を問うもの。とすれば自覚の共有理解のためには、各々その内実が問われねばならない。「覚・自」によって目指される「公・共」的思想の質は、まさにこの内実に対する洞察の深浅によって決まるであろう。

1　唯物的自覚と無

プラトンからヘーゲルに至る、いわゆる西洋形而上学の伝統のなかで形成されてきた人間観とは、おおむね唯心論的なすなわち神的および観念的な問いや人間解釈をべースにしたものであった。そのようななか古代レウキッポス・デモクリトスやエピクロスの唯物論的な解釈や了解は、当初マイナーたらざるをえなかった。しかし近代のハーヴィの血液循環論やデカルト哲学以後、ラ・メトリの人間機械論やT・ホッブスの物体の運動形而上学(1)がデモクリトス達の原子論やガリレオの物理学と結びつくことなどにより、神的形而上学的人間観に対峙する唯物科学的人間観が創出されていった。近代の人間学は、この一見相交わることのない両人間観が双璧をなしているが、だが唯物か唯心かなどといった二元的観点の差異は、前にも述べたが、そもそもデカルトの神的合理の演繹による、認識上のすなわち同紙裏表の差異でしかなく、したがってかかる「双璧」は同床異夢の「幻影」に基づくものであり、「異夢」の科学的野合もまた避けられなくなる。(2)I・カントは悟性論的に、主観(認識や判断)を客観(アプリオリな直観形式およびカテゴリー)に基礎づけることにより、以上の両極的な観点を意識一般へと結合止揚し統合的な認識を深めることに成功した。がしかし認識論的残余である〈物自体〉の唯心性から脱することができず、結局観念論的人間論を引きずり、後にヘーゲルの神的弁証法的形而上学に吸収されていった。

ヘーゲルの神的形而上学が近代人間論に与えた影響は絶大であった。しかしフォイエルバッハは、カント哲学の語性論に依拠しつつも彼の「物自体」を解体し、カントからヘーゲルに至る観念的人間論を再び唯物的人間論へと根本的総体的に転倒させた。すなわちそれは、人間に対する意識一般の観念的了解から、生活世界の基盤をなす欲求一般の存在論的かつ唯物論的な了解への転回を意味した。『唯物論と唯心論』のなかで、フォイエルバッハは自得の唯物論について、「……もっぱら純粋な感覚論的な愛欲および生活欲から人間に――現実的感性的個体的人間に――現存在を与える唯物論である」（一〇七頁）と述懐している。この場合「個体」とは、たんに機械論的唯物論者の依拠する客観的認識の対象ではなく、あくまでも感性的、直接的、直観的認識の対象である（一一〇頁参照）。というのも個体性とは「不可分であり、統一性であり、全体性であり、無限性である」（一〇八頁）からである。

フォイエルバッハは、「私は至るところにおいて、徹頭徹尾、頭のてっぺんから踵に至るまで、個体的存在者である」（一〇八頁）と、対自的存在の即自的唯物的自覚に達する。このような彼の自称内在的な唯物論は、何よりも人間のなかにかつ人間の傍らに立ち止まっている唯物論の源泉や居住地である医学と通底する（一四八頁参照）。そこでは肉体は精神に存在は思惟に先行し、さらにまた区別されつつしかも不可分に結びついている私と汝、主観と客観が思惟および生活の真の原理となり、哲学および生理学の真の原理となる（二五〇頁参照）。彼にとって重要なことは、いかにしてリアルな人間を認識するかにあり、その最大のメルクマールとして自然と人間との総合的相互性を踏まえた唯物的自覚が不可欠となった。なおこの点に関しては、彼の「光り」の身体との相互性についての、同時にその果たす役割についての観点・考察は、象徴的である。つまり「光り」とは、彼によれば可視的かつ不可視的な、ゆえに眼の客観、感覚の客観、感情の客観であるとともに、何よりも人間生命の要としての存在であった（二五二～三頁参照）。

ところでフォイエルバッハの唯物的自覚には、対自然的被規定性に基づく内在性が重視されたが、対社会的被規定性に基づく自覚と明晰性が希薄であった。かかる彼の自覚の抽象的限界に対しては、マルクスとエンゲルスが鋭く指摘し批判した。マルクスによれば、フォイエルバッハは感性的な直観に訴えるが、感性を実践的な、人間的感性的な活動としてとらえず、人間性は類としてのみ抽象的にとらえられている。[3] すなわち彼の唯物的自覚には、人間を神や絶対精神に依存させ自己疎外に貶めている政治的経済的現実が不可視化され、それゆえに主体的実践の自覚が捨象されてしまっている、ということ。またエンゲルスは、フォイエルバッハは「……感性を説き、具体的なもの・現実的なものへ思いこらすことを説いているその人が、ひとたび人間と人間との間のたんなる性的関係よりも以上の関係について語るようになると、全然抽象的になる」[4]、さらに彼はヘーゲルの観念的弁証法を唯物論的に転倒させたが、同時にヘーゲルの人倫的領域（道徳、法律、経済、政治など）まで脱落させてしまった、と批判した。いずれの指摘・批判もある程度的を射ている。とはいえ、後に詳論することになるが、特にエンゲルスの奉ずる弁証法的唯物史観に基づく科学的社会主義は、フォイエルバッハの唯物論的限界を科学主義的に拡大したものにすぎなかった。

客観的で科学主義的な悟性的唯物論を乗り越え唯物的自覚を一層深化させるためには、「無」の体験的媒介に基づいた了解が必須となる。そこで西田とサルトルの唯物的自覚と無の了解について考えてみたい。先ず西田だが、前述したように彼は真の自覚を「無限の内面的発展」として内在的かつ人格的な統一においてとらえた。その一般的意味として「自己が自己に於いて自己を見ると考えられる所に、自覚の意味がある」[5]、また「自己が自己の作用を対象として、之を反省するとともに、かく反省するということが直ちに自己発展の作用となる」[6]などと、自覚を「自らにあるもの」として徹頭徹尾自己にひきつけ洞察している。このような対自的な西田の内面的発展には、無限遡行的な究極なる絶対無が前提されていたが、同時にそこには「……においてあるもの」としての場所的自覚や、相互規定的な自覚もあった。彼の説く自同律的な自己同一論に基づく人格的な統一的自覚は形而上学的ではあったが、とりわけ相反するものの自己と他者、非合理と合理、非連続と連続において、無を媒介とした場所的自覚が配慮されていた。それは両義的であり、絶対無に極まることでは主観的唯心的であったが、「……においてあるもの」および「……に対するもの」の自覚に関しては、客観的認識に基づく唯物的諸行為の意義が認められ、フォイエルバッハの悟性的唯物論をも超える一面をも有していた。とはいえ「意識それ自身の活動」が「体・験」としてとらえられておらず、フォイエルバッハのように、活動のための身体や生活場の唯物的条件に重きを置くことはなかった。

西田の唯物的な認識論は、要するに無の体験的媒介により脱および投自的な観念に依拠するものでしかなかった。彼は即物的なフッサールの現象学を神的形而上学的な観点から観念的に「改・釈」し、自覚の在り様をノエシス的限定〈方向〉とノエマ的限定〈方向〉に区別し、それぞれに行為的自己によるイデア的・宗教的意義と、表現的自己による客観界の基礎づけの意義を立て、さらに前者から後者への行為において唯物的な運動の意義を立てた。それは、自己がノエシス的無限遡行により絶対無に極まり、「絶対の否定即肯定たる絶対否定の弁証法的限定によって、すなわち絶対無の自己限定によって、個人的人格というものが限定せられる」[7]ことによるものであり、自己の絶対化は成り立ちえないが、自己の自己性は空無化および唯物化に及ぶ、というもの。「行為的自己の自覚の底に自己自身を没して、無にしてみる自己の立場に立つ時、すべて有るものは自己自身を自覚し自己自身を表現するものとなる。……主観が客観に没入した時、客観的存在そのものが自己自身の内容を表現するものと考えられる」[8]。すなわち「無にして見る自己のノエマ的自覚の極限において、客観的存在がその客観的存在について語る」[9]という、また表現的自己において客観的存在である物が物自身について語るという、このような言説は、まさしく宗教的献身論や科学主義的「観念論」によるものと言えるであろう。
西田哲学のそもそもの基本的スタンスは、主観と客観、唯心と唯物のジレンマを克服すべく、両者を絶対無を念頭に相互的および現象的にとらえ論考することで、現象としての客観的物質的実在を認容しつつ、悟性論的な「科学的思惟」を相対化するものであった。問題は、フォイエルバッハのように存在自体が客観的被規定的に「物である」との認識や自覚がないままに、対自的な態度を価値的に「客観的実在」に対し「物となって」同一化するという行為的直観や表現的行為を以てとらえたために、唯物的自覚が芸術的および宗教的観念に包含されてしまったことにある。すなわち彼の「主観が客観に没入する」とは、投自的物化の意味や意義を説くものでしかなく、そこには対自の即自的な唯物的自覚は生まれない。さらに「自己が自己において自己を見る」彼の自覚は、必ずしも他 - 覚を排除するものではなかったが、即自的な唯物的自覚が伴わないために、もっぱら宗教的道徳的観念が先行し、被規定的な社会的自覚をも脱落させることになった、と言えよう。

唯物的自覚の実存的な了解という点では、サルトルは西田よりもはるかに徹底していた。サルトルにとっての原 - 即自的な「意識 - 存在」現象とは、日常的・習慣的な存在意識さえも断たれた、全く意味のない裸形の塊、すなわち偶然的で、吐き気や倦怠を起こさせるだけの不気味で醜悪なものであった。この体験は現象学的還元以前の実存的、情動的な出来事であり、そして自らを開示してきたかかる存在の唯物性こそが、サルトルの自覚の端緒やベースとなった。彼のこのような原初的自覚には、我々は究極には意味のないただそこにたまたまあるだけにすぎないモノ、したがっていかなる伝統的な価値や権威も無化され崩壊せざるをえない存在の世界に住んでいるという、まさに唯物的自覚の「覚‐自」的な内実の深さがあった。また彼が自らにおいてそのような偶然なる「邂逅」をたんなる私的情緒的な一体験として語るだけではなく、社会実存的な自覚にまで高めた。問題はしかし、そのような彼の卓越した唯物的かつ社会的自覚の内実においてさえ、なおも情緒的な否定的「欠如」の感覚が支配的であったため、対自の即物的被規定性が問われず、総合的全体性の人間という神的な影を背負うことになった、という点にある。そこには西田類似の人格的自覚が陥穽に迷い込む、すなわち唯物的自覚をも観念的に「処理」してしまうような、認識‐解釈上の限界が見られる。

改めて唯物的自覚と無の了解という点から要約するならば、西田は対自的無をもっぱら即自的な自己の内在意識に向けることで、その究極の超出として絶対無に帰し、さらに絶対有に転化することで演繹的に世界を開示し根拠づけるものであったが、サルトルは対自的無を、自己の即自的な内外の世界に向け、その現在的な状況認識と超出によって世界の全体化を目指すものであった。西田の目指す絶対無（絶対有）が神であり、サルトルの目指す全体化も神の隠喩であった点では、いずれもヘーゲルの神的かつ人格的な形而上学の「限界」を共有していたが、ただ無の了解という点では、「無は無でしかない」サルトルの了解のほうが至当であったと言えよう。

そもそもサルトルの「無」には、西田のみならずヘーゲルやハイデッガーの論理的、形而上学的かつ存在論的な無に見られるような根源的な意味や重々しさはなく、それはただ機能的な〈無化作用〉としてのみ重視された。著者はかつて、サルトルの無および無化作用について、彼の主著『存在と無』を引用しながら次のように言及した。

……。してみれば、サルトルにとっての〈無〉とは、「存在につきまとう無」であり、「存在の唯一にして、固有の可能性」をもって否定を根拠づける「よそもの」、および「存在の穴」のごときものであり、ヘーゲルの弁証法的な無(存在より後の存在の反対概念としての無)でも、ハイデッガーのような存在のヴェールとしての無でもない、内にして超‐「世界」的な無なのだ。他方、〈無化する〉とは、心像の否定としての存在の無化、すなわち形態の背景化を意味する。そして、この無化作用を遂行できるのは対自のみである。対自とは、……要するに、自己自身無であるような自己を意識として根拠づけるために無化作用を遂行する存在なのだ。ゆえに〈自由〉なのだ。自由な対自存在によって無化作用が遂行されるということは、無化作用がヘーゲルやハイデッカーたちにはなかった、意志の強力な発動としてあるということ(10)。

サルトルによれば、無および欠如をはらむ不完全なる即自的存在に対し、かかる即自的存在でもある対自的存在が、否定の強力な無化作用を発動させることにより、自己を意識として根拠づけていくというもの。問題はしかし、そのような無化作用が、無が存在の欠如であるかぎり結局自己意識が本来あるところの即自としての自己意識へ向っての、自己超出および回復の弁証法的な行為となってしまうという、すなわち即自的かつ対自的欠如者が完全であろうとして神的〈全体化〉を志向していくという、皮相的な無の弁証法的解釈に陥ってしまうという点にある。せっかくの情動的な自覚に基づいた内外を指向する無化作用なる強い意志も、他方無を意識や認識のレベルのことがらに集約してしまったために自らが方向性を見失ってしまうのである。事実彼の情動意識の絡む〈存在と無〉に対し、後にいわゆる構造主義者達が現象学的還元を遂行し、それらまるごと純粋意識のレベルでの形式、象徴、構造に翻訳および変奏してしまったではないか(11)。

サルトルの無の了解もまた、結局西洋形而上学的解釈の系譜やレベルから完全に超脱かなわず、ある意味無自覚的ではあったが無化作用が全面的にしてラジカルな否定の意志的契機をはらみつつも、ひっきょう意識や存在の認識論的レベルでの弁証法的了解にとどまってしまった。なお無化作用すなわち無への意志という点では、元来東洋の禅思想はその指向性が内在的かつ観念的ではあるが、かかる限界を突破し唯物的自覚を一層深化させる、すなわち一切の実体化を否定するという徹底したモチーフを有していた。ところが禅体験を有する西田の、容易に神的絶対有に反転する絶対無とは、概念的にも用法的にも不適切極まりない「実体」でしかなかった。絶対無が、「殺仏殺祖」（竜樹）のような徹底した無への意志として内外の世界に全面的かつ機能的に作用するならば、サルトルとともに西田もまた、対自（行為的自己）が絶対的権威としての絶対的有（神・歴史・全体性）である完全なる即自（表現的自己）へと没入（物化）するという、まさにそのような憑つかれた観念および行為から解放され、いかなる権威も価値的格差もない、限りなくただそれだけの唯物的および野生的な即自的な存在という自覚に、さらにまたそのような自覚をも突破した非実体的「覚・自」的境地に達しえたであろう。

帰するところは、次章で詳論するが、絶対有とは「ただそれだけのモノ（唯物）」、ゆえに絶対無即絶対有は「唯物的空」。してそれは無化作用を徹底することにより自覚される。

無化作用が対自的主体の意志に依拠するとすれば、当然かかる「意志」についての自覚的な問いが要請されてくる。意志とは一体何か。つまり主体の意思が否定的であれ肯定的であれ、「意志なるもの」の様態や内実が問題となってくる。一般的に、人称的な意志には「物事を成し遂げようとする心の働き」という心理学的な意味があるが、重要なことは、物事の成就に関わる意志には必ずや対自然的かつ対社会的被規定的自覚が伴う、という点にある。であるならば、物事の遂行に当たっては、予め諸々の対象や目的についての認識や理解と、その実行性や実現の可能性および責任の範囲が明らかにされなければならない。ちなみにサルトルの決断と選択の自由意志論は、状況認識を踏まえていた点では、意志の特性に適うものであったが、全人類に責任を負うかのごとき無制約的教条的な倫理的行動を促す点では、不適切なものでもあった。

2　意志なるもの

ところで古来ギリシャの時代より、意志は自由とりわけ道徳的あるいは宗教的な自由との関係で論じられてきた。たとえばアリストテレスは、徳（中庸）の実現が幸福であり善であるとみなし、その実現のための「態度」「能力」「感情」を含んだ意志の在り様を問うた。またB・スピノザは、自由なる意志を〈神の知的愛〉への悟性（必然の認識）と同一のものとみなし、そこにのみ真の自由意志の存在を認めた。だがいずれも善や神に奉仕する意志のみが要請され、予め自覚の内容が質量とも狭隘化され、さらに選択の自由が限定され、たんなる決定論に陥っていた。G・W・ライプニッツは、そのような決定論的な意志論を避けるために、善なるものに傾かせる行為の理由を重視した。理由を明らかにすることで、「心の働き」を「強制する」のではなくあくまでも「傾かせる」ということである。とはいえアプリオリな善を前提とするかぎり、基本的にはこれまでのパターンと大きな違いはない。そこでは自由の問題以前に、意志自体を支える被規定的な自覚の社会的意味や内容が問われていない。

その点では、西田やカントの自由意志にも当初より形而上学的な「神」の意志がスライドされており、それゆえそれは無制約的および超自我的な善を要請し、被規定的自覚を伴わない、ただ自由の観念のみの支配する内実を呈していた。たとえばカントの「純粋意志の自律性」なる完全なる自由意志は、道徳原則（普遍的立法の原理）につねに一致することが格率とされており、神的人格性や〈目的の王国〉を目指す、〈叡智界〉にのみに属するそのような意志には、埒外の諸意志の自由は制限されざるをえない。同じことは西田哲学にも言える。西田は、意志を一つの心像より他の心像に移る推移の経験であり注意を向けること、すなわち運動表象の体系に対する注意の状態にあり、この体系が意識を占領し、我々がこれに純一になった場合をいうと、心理学的に意味づけた[12]が、当初その作用はもっぱら人格的に解釈され、カント同様自由意志を絶対者（神）に対する絶対の当為とみなし、〈絶対無〉の自覚的限定により〈目的の王国〉[13]を目指す所為が称揚された。彼は、意志を知性（知識・思惟含む）と截然と区別することなく、その相関的にして自由な面を重視し強調したが、おおむねカントの倫理的自由さえも希薄化する宗教的自由の領域に覆われていた。しかし後に彼は、意志を「身体の内側」においてとらえるようになり、実在認識の根底に意志の自覚を重視し、一面任意の選択作用を認めるとともに、物と物との相にはたらく「運動表象の体系」を現実世界としてとらえ、余り自覚的ではなかったが人称的かつ非人称的な意志の弁証法的止揚ならぬ〈絶対矛盾的自己同一〉なる特性を開示しえたことは、評価に値するものと言えよう。

ところでA・ショーペンハウエルは、以上のカントや西田とは異なり、意志と知性を決定的に分け、意志をもっぱらネガティヴな〈盲目の意志〉としてとらえた。彼によって意志が新たに「自然」それ自体として自覚的に問われたのである。すなわち彼は、「根拠の原理」の適用されうる現象界の根底において、すなわちかかる原理の適用不可能な彼方において、肉体を形而上学の機関とする「生きんがために生きる」盲目の意志をカントの「物自体」に据えた。そして肉体および身体とは可視的となった意志の活動や表現によるものであり、全自然や現象界はまさにそのような意志の客観化であるとして、意志を実在の根底におき、知性の存在を認めつつも、それをおおむね盲目の意志に奉仕する道具および手段にすぎないものとみなしたのである。とはいえ彼は、イデアを観照する天才の芸術的知性の存在をも例外的に認めており、そのような知性によって意志が盲目なる意志への奉仕から解放され自由になるとした。しかし盲目の意志から完全に解放されるためには、究極には自己否定による宗教的解脱によらなければならないとし、〈無の涅槃 nirwâna〉に入り新たに聖者として蘇生すべきことを説いた。意志と知性に対する了解が異なるが、西田の〈絶対無〉に「入る」意志論は、結局以上のショーペンハウエルの形而上学的な「無への意志」論とそれほど大きく異なるものではなかった。

ショーペンハウエルの意志論の卓越性は、意志をアプリオリに善や神との道徳的宗教的観念と結びつけることをせず、それ自体を肉体的な欲求としてまた客観的表象化能力としてとらえた点にある。彼のいくばくかの唯物的な自覚が、意志をリアルな観点からとらえさせたものと思われる。問題は、そのような自然な欲求や能力としての意志が否定的にのみ感傷的にとらえられたために、実在的な意志の自己性である肉体的欲求までも自己の宗教的な「無への意志」によって否定せざるをえないという、かかるアイロニーに無自覚であった点にある。いずれにしても意志を負なる肉体的かつ盲目的な欲求と、正なる禁欲的な「無への意志」を以てする二律背反的な了解は、結局プラトンのイデア的観照や小乗的な「相対無」に依拠させることになり、無制約な自由の下での芸術的な知性や宗教的な無を指向する意志のみが偏重されることになる。伝統の道徳的・宗教的自由論の領域から踏み出すためには、この限界域を越えていかねばならない。ちなみにその役割を担ったのは、フォイエルバッハであり、F・ニーチェであった。

唯物的自覚に根差したフォイエルバッハは、人間の「無への意志」の存在を認めはしたが、ショーペンハウエルのいかなる幸福欲も存在しないあるいは否定してやまないという空虚な宗教的無への意志を、さらに彼の超感性的で時間の外にある、すなわち「人間の現実的な本質のあらゆる諸規定および諸条件からはなれて考えられ」た、たんなる「物自体の同語反復的な」自由意志を批判した(14)。全自然や現象界が意志の客観化によるのではなく、意志は「人間の意志から独立な自然規定の内部での自己規定なのである(15)」。「超自然主義的な哲学者たちは、人間に自由な意志を帰属させる」けれども、我々は「私の肉体と生命の力によって意志をもっているにすぎない(16)」「人間はアプリオリに自由ではなく単にアポステオリに自由であるにすぎない。……生きることが第一のことであり、思惟しまたは哲学することは次のことである(17)」。彼はかかる唯物的自覚に基づき、まさに自然によって規定された「生きんとする意志」を第一に考えた。大切なのは宗教的な神への愛ではなく、あくまでも人間的な愛であった。

他方ニーチェにとっての意志とは、たんに生きんとする意志ではなく、力の増大・持続・蓄積への本能的な自覚を含む、より多くの力への意志、すなわちショーペンハウエルの「盲目の意志」のごとき意志の否定的把捉を一八〇度転倒し、翻って宗教的・道徳的とりわけプラトニックかつユダヤ‐キリスト教的な道徳観に根差す超自我的な自由意志論を根底から覆す、「存在の最も内なる本質[18]」を示す、まさに〈権力への意志〉であった。そこでは人の意志は、「すべてを然り」とする生の意志として立論され解釈される。このようなニーチェの生に対する肯定的な「解釈」と「理解」は、フォイエルバッハの唯物的自覚を巻き込み、さらにその唯物性をも踏破するラジカルな観点を与えるものでもあった。問題は、そのような力の意志の積極的評価には、〈共‐生〉を蝕むネガの部分をも伴っていた、という点にある。彼の〈権力への意志〉論は、増大する生の価値や力への意志に対する過信に由来しており、フォイエルバッハの素朴な感覚による「生きんとする意志」論とは異なり、まさに貴族主義的かつエリート主義的な優生思想に根差していた。ウルトラエリート差別主義者にして大言壮語の詭弁家・アイロニーイストでもあるニーチェの、素朴な生の意志を超えた、このようなすなわち真理の起源と「物自体」から解放された盲目の「暗黒」の意志は、結局自らの生を無制約に肯定することで、「悪意」や「責任」の評価を不可能にしてしまうことになった、のである[19]。

そもそもニーチェの力の意志論とは、存在優位から価値優位のプラトン主義の転倒（遠近法的転倒）によるものであったが、たんなる価値優位ということではなく既成の価値を転倒するというポジティブな面があった。しかしネガにせよポジにせよ、それはいずれにしても根底的には西洋近代形而上学の枠内にとどまるものでしかなかった[20]。彼の力の意志論は、後に〈永劫回帰〉論への傾斜とともに、すべての運命を受け入れ打ち勝ち〈超人〉となり、永劫に回帰する刻苦の生の内在的超越を目指すという、まさに西洋の人格的宗教類似の言説に向けられた。なお「運命愛」を受け入れた〈超人〉には、すでに力への意志は消失し、自らがこの世の意味となり、その不可能性ゆえに「来るべき者」の到来を永劫に待つという、まさにニーチェ自らの非難してきた宗教的メシアニズム類似の「永遠」の相にも戯れることになる。

ニーチェの力の哲学のポジの面は、ネガの面が不問にされることで華々しい運命を辿ることになった。柄谷は、ニーチェの〈権力への意志〉について、それは「権利上、意識に先行する一つの場、あるいは網目状組織である」[21]と述べている。またJ・ドゥルーズは、ニーチェの〈永劫回帰〉について、「賭＝戯れ」「生成の存在」「多数性の一なるもの」「偶然の必然」、したがって「二重に選択的な」、まさに倍増する肯定的な〈反復〉回帰であり、「遠心力のかかった車輪」であるとも述べている。[22]いずれもそこでは目的論的統合性の解体、身体による「巨大な多様性」、恣意的で多様かつ多義的な場が中心化される社会や歴史のプロセスの重視が読みとられ、かかる解釈と知見が、いわゆるニーチェ主義者とも目されるフロイトのリピドー的「欲望」、バタイユのエロチシズムによる「侵犯」、さらにフーコーのセクシャリティやミクロ的権力論やドゥルーズ・ガタリによる「欲望機械論」などに至る、まさに主体なき超かつ非人称的な知と権力の意志論および歴史論へと展開し、現代社会理論の新しい領域（ポスト構造主義）が切り開かれた。この暗黙の「成果（ポジ）」は、ニーチェのラジカルな力の意志による対自的かつ即自的な存在一切に対するある意味徹底した無化（否定・破壊）作用によるものであり、開示された物象世界は、まさに有無を超えた非実体的なる「仮象」なる世界となった。

このような世界は、ある意味ラジカルな無化作用によって自覚される、意味を派生し世界を生成する、すなわちサルトルの「存在と無」をも派生する「真空」世界に匹敵するであろう。[23]しかしニーチェは、彼の暗黙の無化作用が力の意志自体には向かわなかったため、〈価値の価値転換〉の偏重や唯美主義的位階性論に基づいた、意味濃厚なる「詭弁」と「独断」に陥り、論理的かつ倫理的アポリアおよび「誤り」を発生させることになった。ここに彼のネガ的面の発祥がある。ニーチェ主義者達のこの面に対する軽視や捨象は、はからずも自らのポジなる理論をも限定的なものにしてしまった。ことはニーチェの力の意志の「浄化」で済ます問題ではない。何よりもニーチェ系譜の貴族主義的優生論的権力観念がマクロ的政治に要求する、そのような反民主的な気運に対抗しなければならない。政治をミクロ的な権力論に還元し、その錯綜（網目）を客観的に俯瞰分析し「異議の申し立て」するにしても、何よりもマクロ的政治なるものの享受や行使あるいは制御や価値づけについての方法論を不問にしてはならない。というのもマクロの政治の場において意志は、個々の意志を超えたマクロの意志、すなわち人称的にして超・人称的な集団組織の社会的な意志（たとえばルソーの一般意志・全体意志や国家意志のごとく）として、各々外部に敵対し内部を統御するよう作用するからである。

なお意志なるものには、場の遡行の無限に可能な数に等しいだけの擬人的な、つまり非人称的にして人称的な意志がある。それは、近傍的には巨大象から一寸の虫に至るまで、また物象的には宇宙や地球から素粒子に至るまで、なお「覚 - 自」的には両者を構成し体現する身体において、マクロからミクロに及ぶ無数の重層的かつ多次元的な織物を紡いでいる。してその特性たるや、各々が求心的 - 遠心的および規定 - 被規定的関係にある。

3　身体的自覚

「覚-自」的位相からすれば、「存在-意識」のさらには認識と意志の「媒-体」および「主-体」となるのが身体である。ちなみに意志には「実行」を伴うが、その実行面での能力を司るのが身体である。唯物的自覚によるならば、そもそも意志とは、盲目的、精神的、実存的、あるいは合目的的さらには権力的であるにせよ、何よりも身体的な意志である。自由意志は人間的自由の身体能力および身体性の自覚において対自的かつ対他的に実行される。ところがデカルトの心身二元論では、意志は精神にのみ属し、身体的な行動とは別ものであり、そこではたとえば自由意志は行動につながらないたんなる精神的な無力なものとなるか、さもなければ行為や行動が何ら責任を問われないものとなる。サルトルはデカルトほどの心身二元論に陥ることはなかったが、しかし彼のとらえる身体のイマージュも、あくまでも意識によって生きられるものであり、対自の自由な働きの条件として、意識の存在の一つの恒常的な即自的な構造にすぎなかった。要するに彼は、身体を道具に対する対自の適応とみなし、対世界との根源的関係における個別性と偶然性を示すものとして解釈した[24]。

　西田の身体観もまた、身体を道具的かつ技術的適応としてとらえた点では、サルトルの解釈と類似の観点を有する。しかしサルトルの身体が志向意識に内属した意志と直接関わりをもたないのとは異なり、西田の身体は自らの内側に意志を有し、行為の機関としての意義と同時に、自己自身を表現する意味をもつものとして主体的にとらえられた。「精神が身体（目的論的関数の統一）と結合し、この結合に基づいて眼が光線を感ずる」[25]「意志は精神界の身体であり、身体は物質界の意志である。我々の身体は心と物との合一として一つの芸術品である」[26]「身体は意志の表現である、心身を結合するものは内面的創造作用である」[27]「身体とは自己矛盾的存在であり、絶対否定（客観的表現）を媒介として、作られたものから作るものへと自己矛盾的に自己自身を形成して行く、すなわち行為的直観的である」[28]「我々の身体はどこまでも自己自身を越えたもの。……我々はどこまでも身体的存在でありながら、身体を道具にしてもち、ここに世界を映す、すなわち意識するのである」[29]。

このように西田の身体観は、デカルトやサルトルの意識中心の二元論的解釈とは異なり、行為的直観に基づき「働くもの」と「見るもの」とを、「見られるもの（客体）」と「見るもの（主体）」とを、また物体と精神とを動的かつ一如的にとらえ、さらに個（生物的身体）と超個（歴史的身体）との関係を弁証法的に理解し[30]、身体性の高次元的な観点を把持していた。とはいえ彼の身体観には、サルトルの即物的な「偶然性と個別性」なる自覚の自己限定が乏しく、そのため結局身体は精神から演繹される現象（精神→意志→身体）として解釈され、デカルトやサルトル以上に唯心的で観念的なものとなった。それでも彼の身体性に対する解釈は卓越しており、たとえば彼は、ベルグソンの持続の哲学を踏まえて、身体を脳に中枢を有する運動の機関とみなす一方、物質界の上に投げかけられた記憶の影としてとらえた。さらにショーペンハウエルの意志の哲学をも取り込み、ベルグソンの〈持続〉を緊張（純粋記憶、精神、時間、縦の方向）と弛緩（物質、空間、横の方向）の両義的な位相で解釈するとともに、内面的な〈純粋持続〉の自発自展する自覚的体系の下、意志的行為によって身体と精神が結合するなどとみなした[31]。また西田は、ベルグソン哲学には、連続する潜在的な動きに関わる、統一的な流れのプロセスにおける事象のダイナミズムが弱く[32]、また「一者」および「神」を〈実在の根底〉におきながら「無」や「死」にかかわる洞察が希薄であること[33]を批判し、独自に〈絶対無〉からする実存的かつ高次元的な身体的自覚の重要性を説いた。

問題は、西田の自覚化のストーリーには、予め身体的限定（非合理で感官的）が意志的行為によって否定され、絶対無の自覚のノエシス的限定（非合理の合理化）によって、真の自己の身体性（神性）へと止揚されるという、弁証法的なシナリオが織り込まれていた点にある。[34]すなわち彼の高次元的かつ両義的自覚には、予め精神的であることと唯物的であることとが格差価値的にとらえられており、〈絶対無〉たる唯心的（人格的）自覚が唯物的（即物的）自覚の優位にあったため、いずれ身体的自覚がイデアや神のノエシスへの没入というノエマたる身体の喪失（犠牲や献身……）に及ぶか、歴史によって基礎づけられる（所限定面の）身体が歴史を越えて〈永遠なるもの〉を見る愛の自己限定（能限定面）に至るという、超次元的かつ私的観念性に陥った点にある。[35]このような西田の限界は、前述したようにフッサールの現象学を自己流に解釈し、不徹底な還元作用に基づきアプリオリなイデアに執心したまま、ノエマ・ノエシスの構成に至ったためである。西田の卓越した身体的自覚も、唯物的自覚や即物的認識、生殖性や社会的意味および倫理的自覚の希薄性かつ皮相性ゆえに還元作用の不徹底なままに、結局観念的超次元的な限界のなかで「戯れる」ことになった、と言えるであろう。

もとより徹底した還元作用といえども、無限遡行的な対自による還元作用は、この慣れ親しんだ自明の現実世界においては、ある意味無限反復的な様相を呈するだけである。しかしそれでも事象の自明性を疑い、自明性を自明性として判断し認識する意識を一端宙刷りに（判断中止：エポケー）し、一歩後退して見直し反省することは可能である。ただその際に純粋意識にせよ存在にせよあるいは身体にせよ、還元された「当体」は「仮象（仮有）」でありつつ、同時に限りなく即物的（事実性）でなければならない。すなわち還元の徹底ということに関して言えば、西田はフッサールの現象学的還元ほどに徹底しておらず、還元された「純粋意識」には当初よりアプリオリな神性の〈絶対有〉が潜んでいた。ちなみに「徹底」の指標は、意識の純粋度にあるのではなく自覚の深度にある。それはすなわち対他的かつ即物的事実性に対する反省と認識に関わっており、そこでは「純粋意識」といった絶対的に透明な世界性はありえない。即物的事実性という点に関して言えば、「事象そのもの」に徹したフッサールや情動的とはいえ唯物的自覚に達したサルトルは、西田よりも徹底していたが、それでも両者とも対自的な志向性においてすでに透明で自由な近代的意識が担保されており、いずれの現象学も当初より限界は明らかであった。

現象学的還元を意識ではなく知覚を中心に遂行したメルロ・ポンティの身体論は、前三者を凌ぐものであった。彼は知覚を「世界についての科学ではなく、……一切の諸行為がそのうえに［図として］浮き出してくるための地なのであり、したがって一切の諸行為によって予め前提されているものである」[36]として、アプリオリにとらえた。あらゆる知覚は一定の地平内、すなわちその「知覚される世界」の内で生じ、そして我々は知覚とその地平を、「位置づけること」やはっきりと「知ること」によってではなく、まさに「活動の中で」経験することになる。[37]また知覚されるものは、不特定多数のパースペクティヴを持った視線の地平に開かれた一つの全体であり、その対象の統一を構成する、あるいは知覚の材料に意味を与える「主体」による総合は、知的な総合ではなく「転移の総合」および「地平的総合」となる。対象はパースペクティヴのある視野の一定の系をもたない、「実在的」な無限の総和として与えられ、「主体」は以上の「総合」の完成をめざし、対象のあるパースペクティヴの局面を限定し、同時に越えていくことも可能となる。なお以上の一つの視点を定めるそのような主体とは知覚や実践の領野としての私の身体にほかならず、[38]世界は「私の一切の思惟と一切の顕在的知覚とのおこなわれる自然的環境であり領野[39]」である、とみなされる。

即物的事実性を基礎にもつ現象学において、知覚現象の場や領野は、西田の〈絶対無〉と関わりのない、先ずは何よりも世界内身体である。であるならばかかる身体の「解明」こそが「総合」をめざす主体の試金石となる。ところで西洋哲学の系譜において、メルロ・ポンティほどに身体の真相に深く迫った哲学者を知らない。とりわけ彼の身体に対する明晰性は、それを知覚や実践の領野および知覚的、実践的結合の主体としてとらえただけではなく、前人称的な一般的な生活を営む存在としてもとらえ、さらに即自的観点から、身体的行動を受動（見える・触れられる）と能動（見る・触れる）の両義性として、また精神と身体の関係を相互浸透性・交叉配列としてとらえた点に窺える。その手法は、時代のゲシュタルトとプレグナンスの理論に基づくものであり、それは西田の場の論理や両義的身体観と通底するも、理論的には西田の意志‐身体論を横超し、さらにサルトルの「全体性」をも「地平的総合」に「転移」させ次元的に乗り越えるものであった。

なお彼の言う「ゲシュタルト」とは、心理学的に構造化された一つの「諸部分の集合に還元されない全体」ではあるが、何よりも「配分の原理」や「同価物の体系の軸」となる時空の制約を免れしかし重みのある、まさに超越（高次元）的なものである。そしてこのゲシュタルトをとらえるのが、自らが一つのゲシュタルトでもある身体である。[40]「私の身体はすべてのゲシュタルトの中に共存している。そして一つのゲシュタルトであるこの身体もまた、明確に重みをもつ意味である。それは肉である。身体が構成する体系は、中心的な蝶つがいともいえる軸のまわりに秩序づけられている。そしてこの軸は「――への公開性」を所有しているが、制約された可能性であって無制約なのではない――同時に身体は一切のゲシュタルトの要因である」[41]と、彼は了解する。他方彼の「プレグナンス」解釈も独特である。つまりそれは、心理学的には優位にあるおよびより優るタイプへと向かう傾向性ではあるが、何よりも決裂力、将来的生産性ないし豊饒性であり、したがってその意味は、「典型」すなわち自己と一致した、自己そのものである、完全に自らが自らに課する形態を示すというもの[42]。さらにその深い意義は、それが幾何学的均衡という理由で優位に立つようになったタイプ（型）でもあるが、何よりも「経験的プレグナンス」として「存在の運命」に従うということにある[43]。

ところでメルロ・ポンティによれば、身体とは「受肉した存在」である。〈肉（chair）〉とは、たんに唯物的に限定される固有なる肉体ではなく、あくまでも類的な原理として多くの身体に分かたれ共有されていく、そのように自らが分裂し裂開することによって万物を生みだし自己に再帰していく根源的な存在であり、宇宙および自然を現成させるゲシュタルトすなわち原理的な諸要素の円環的、だがしかし前章で述べたごとく結局神の弁証法的な再帰性を反映する全体——世界でもあった。身体の諸器官および万物が肉によって充填されており、その存在は相互着生、絡み合い、不思議な癒着、交合、抱擁なる関係にあり、「私の身体は世界（それは知覚された世界ということだが）と同じ肉から構成されているということ、しかも私の身体をつくっているこの肉は世界と共有であるということ、世界は私の身体の肉を射映し、それを侵蝕し、逆に私の身体の肉は、世界を侵食する。……私の身体と世界とは、相互に踏み越えられ、重なり合うという関係にある[44]」。そのような世界の肉が、ゲシュタルトにとりついており、それは「可能なもののプレグナンスであり、「世界可能性」である[45]」。そして世界の肉としての身体とは、それ自体が自覚するものとして存在する。「事物が動かされるのに反し、身体は自ら動くのである。このことは身体が一種の《自覚体（reflechi）》（自ら動くもの）だということであり、この自覚によって身体は自己を即自的に構成するのである[46]」。このように彼は、神的陰影をはらみつつも、見事に高次元的な身体・肉よりなる、「共有」なる生世界を描写した。

なおゲシュタルト的な図式で言えば、メルロ・ポンティにとっての身体とは分節されない身体の全体すなわち「身体性」であり、したがって身体の自覚と運動は、ベルグソンのような運動的図式によってではなく、世界内身体的図式によってとらえられる。とはいえ両者の図式とも体性的運動と知覚の表層的な生理学的機能を念頭に推論・イマージュされており、そこでは東洋思想やフロイト思想に見られる深層的な機能に対応した情動的な図式(47)が不可視化されていた。またベルグソンや西田同様、唯物的自覚の希薄なメルロ・ポンティの「歴史的身体」には、M・フーコーの示した近代国家社会の身体や知に刻印された歴史社会的な構造や図式および言説が見られなかった。いずれこのような不備は、彼の〈知覚‐身体〉の総合的図式にあっては、致命的であった。

しかしそれでも彼の身体‐肉よりなる世界像は、宇宙物理学の投影する宇宙像を、「見る」側から生世界として翻訳・転写し、両者を科学と哲学の織り成す高次元的な関係においてとらえ、多種多様なパースペクティヴに対する〈地平的総合〉と〈次元的総合〉を以て、思想の「根源的設立」を指向〈志向／思考〉する途を示したことは、画期的であった。

4　近代科学の方法的自覚

フォイエルバッハ由来の素朴な唯物的かつ身体的な自覚は、衣・食・住さらには医療という現実の生活世界の必要性に根差しており、そこでの欲求や意志は科学の方法的自覚とも結びつく。とりわけ現代社会では科学や科学技術の方法や手段そしてその活用による実行や営為は避けられない。ただ問題は、科学や科学技術の進歩や適用にはつねに好ましくない「副」や「反」なる負の作用もしくは産物が伴う、という点にある。「覚‐自」の質の高さや深さが求められる所以でもある。素朴な唯物的および身体的自覚がたんなる機械論や即物的実在論に帰趨し、唯物主義や科学主義を奉ずることになるならば、いずれ身体性は次元的転落を余儀なくされ、科学・科学技術の負の作用が増幅するであろう。そのような事態を避けるためにも科学の意味、意義、活用について自覚的に問われねばならない。

フッサールは、科学や科学技術が現実的かつ根源的に意味をもつものとなるのは、科学者達が、そのすべての意味形象と方法の根源的意味にまで立ち帰ってそれを問い求め、「歴史的創建」の意味や、とくに検討されないままにそこに受け入れられたすべての意味の遺産、同様にまたその後蓄えられたすべての遺産の意味を問い求める能力を、自らのうちに育成した場合であるとみなした。が結局方法の最もすぐれた技術者でしかない数学者や自然科学者達はそのような省察を遂行する能力を全くもっていないのが普通であると思い直している。[48] 問題はまさにこの点、すなわち卓越した「技術者」による結果中心の科学主義による支配という事態にあり、この回避・減殺のためには、何よりも先ず科学・科学技術の歴史的かつ相関的意味の省察が重要となる。

科学・科学技術の「歴史的創建」の意味については、西田のアプローチは秀逸である。[49] 彼は物理学などの諸経験科学の根本概念が操作的であり、その知識の一切が相対的であるとみなし、ゆえに科学的経験に基づく経験科学は「歴史身体的に物を見るという行為的直観に基礎づけられねばならない」[50]とした。すなわち彼は、諸経験科学は多と一との矛盾的自己同一なる歴史的空間において、すべてのものを同時存在的に、またすべての出来事を因果的に見および考えるが、しかし歴史的世界をそのようにみなすことはどこまでも不可能なことであり、あくまでもそれは、ポイエシス的な行為的直観を離れず近接的でなければならないとした。[51] なお歴史的身体的操作においては、自己が世界を表現するか自己が世界の表現となるかによって心理学か物理学が生成し、矛盾的自己同一的世界の自己形成の立場においては、歴史的身体的かつ社会的操作により種々の社会的科学が成立する、などと考えた(52)。

また彼は諸科学成立の内在的因として、ショーペンハウエルに倣いアプリオリな力の意志の働きと、その自覚を重視した(53)。実在界の成立は、実在認識の根底にあるかかる意志の働きとその自覚に基づいた〈純粋統覚〉の統合によるもの。実在の範疇としての時間と空間は、ゆえにカントの客観的直観的形式とは異なり物に内在し意志表現の一般的形式となり、両者結合し不可分となる。すなわち空間は物の中に、「力の場」として「存在」し、物の変化は意志により統一された二つの物が動く関係に入る、すなわち時空の変化によるもの。なお個物概念は、意志により主体が「作用の作用」の立場に対象化され自らを超越し客観化することにより成立する。客観的実在界およびその知識の成立は、したがって力と意志の媒介である内部知覚による主客合一の確信と働くものの自覚によるもの。アプリオリな意志の自由は内部知覚を無限に可能なものとし、その消滅に従い意志の自覚の形式としての精神的および物理的因果関係にある現象界が成立し、諸科学が生成する。一元的観念的な解釈ではあるが、そこには諸科学生成に伴う、総合的かつ次元的な知覚‐身体性の卓越した理解が見られる。

なお科学や知識の相互関連的かつ次元的な類概念の成立については、西田の「場所の論理」が重要な役割を担う。関係するものと関係が一つのものとなるためには、それが成立する場が必要となる。すなわち意識の野において、無限に連続する意識の流れのなかで、たとえば関係性の階乗化を生成させるためには、内容と対象を内に包む超越的な思惟対象の場である「包まれる基盤」や場面すなわち「場所」が必要とされる。そのような場所は、「働くもの」が意識の流れそのものの無限の「果て」を見つつ「空間性」において探っていく、そのような実践的な試みにおいてのみ、要するに「働くものから見るものへ」の移行時においてのみ成立する。「類概念を映す場所においては、働くものを見るのではなく、働きを内に包むものを見るのであり」[54]、「……に於いてあるもの」は、「自己のある場所の性質を分有するもの」[55]である。客観的知識の基礎を個物に置きつつ、一般者との相互限定において作用が作用自身を見、種々なる世界の本体を内に見、そして客観的知識の基礎づけを行う。このような知識論的了解に基づき、西田は、種々の科学がポイエシス的自己の自覚に基づいて歴史的操作の種々なる角度から成立するものととらえた[56]。

問題は、西田が「無限の〈果て〉」において、類概念をも超えた、主体が唯「見る」だけの変化生滅の「真の場所」、すなわち有無を超えた「無の場所」究極には〈絶対無〉を想定し、からの演繹により世界の多次元的な統合化をはかった点にある。事象の相互的関係性を内に包むものとしての場所の無限的遡行性、翻って〈絶対無〉のノエシス的限定（反省的知識の成立）とノエマ的限定（対象的知識の成立）により、意識の無限的流れに対する遡行的限定による現実化、すなわち「存在の秩序」化を超える意識構造の階乗化に及ぶもの[57]。そこでは「判断的一般者」による自然界、「自覚的一般者」による意識界、「知的一般者」による叡智的世界（〈絶対無〉＝無底の「場所」）という、多次元的、多層的階乗的な「場所」が推論され開示されてくる。西田のこのような〈絶対無〉を究極の「場所」とし、さらに数学的無限意識をその「果て」の神秘的感覚や直観と結びつけるなど、すなわち科学的な意識を「宗教」によって基礎づける方法的自覚は、確かに問題がある。としても、彼の科学・知識・叡智の「歴史的創建」に関わる相互関連的かつ多次元的な世界の統合的把捉は、評価に値するであろう。

ところで近代科学の方法的自覚の原点は、物体界を神（無限実体）の永遠なる法則の貫徹するたんなる延長する実体とみなした、デカルトの演繹的合理論にある。また神的法則化の基礎ともなる幾何学的および数理的理念化は、すでに古代ギリシャの時代より見られた。ただし近代科学の生成は、デカルトの自覚を受け継いだ同時代のガリレオの、自然自体を理念化する数学の誕生を以て始まったと言えるであろう。フッサールによれば[58]、数学は、物体世界をその時空的な形態の理念化を通して、理念的かつ相互主観的な客観性および客観的世界を創造し、その測定術との結合とともに、再び経験的に直観される世界に下降し、世界内諸事物を一定の「ひろがりをもったもの」として、人々に新たなる帰納的予見を与えることになった。そうしてすべてが必ずや計測・計算可能となり、理念的な幾何学が応用的な幾何学となり、実在認識の一般的方法ともなる。重要なことは、ガリレオの仮説にあった「具体的世界の理念化」は、普遍的で精密な因果性を自明的にした点にある。すなわち直観的な所与の世界において、「因果性の支配する具体的宇宙としての無限の自然全体が一個の独自の応用数学[59]」となり、その形態および内容充実の無限性において「かくされている普遍的帰納性」が支配している、という仮説が成立する[60]。一般的数式（公式）の発見が論理的必然なる法則を生みだし、その適用や応用により個別的事例の客観化が促され、そうして西欧社会中心に自然科学の世界が醸成された。

自然科学の固有な本質およびアプリオリな在り方とは、何よりも無限近接的に仮説および検証であり続けるという点にある。自然科学および実証科学のすべての認識、問答、仮説および検証とは、所与の恒常的な、あくまでも仮説である世界を根拠や前提にして成立しているからである[61]。ところが現代科学文明社会は、そのような「仮説世界」を不問のままに、科学的方法を技術化し、機械化し、自己や事象を物化させ、いわゆる科学主義に落ち込むことにより、高次元的な身体性を喪失させ、省察や思考を停頓させてしまっている。かかる世界自体を問うことが科学の方法的自覚や基礎づけにおいて必須であり、何よりもこの世界に身体を持って生きている自己の存在を自覚し、科学主義によって隠蔽されてきたこのリアルな「生活世界」を明らかにしていくことにある。そのためにも、理念化され摩り替えられた自然を学以前の直観的な自然に復権させ、仮構された科学の固有の絶対的真理を相対化しなければならない。

フッサールの警告する、科学主義による「ヨーロッパ諸学の危機」。その克服の方法は、したがって客観的科学に対する判断中止と生活世界の中での自然態度の全面的変更を迫る。いわゆる「世界を超え、世界を現象と化す」普遍的・「超越論的」判断中止により超越論的還元を遂行し、世界の「普遍的相関のアプリオリ」を明らかにする。要するに我々が生活世界を根源的に問い反省する中で、自らの知覚の「志向的分析」を行い、その志向的能作として現前作用を見出すことで、事物「の」呈示様式があらわとなり、現前化作用の多様な様相が普遍的な主題設定の中に入ってくる。知覚の関係する「現在」の事物の背後に、たとえば時間的な地平として「現在」に想起や記憶に関わる過去の、同時に予期的に開かれた未来の無限の志向的地平が意味として含まれており、現実化していないが全体的な「地平」が含蓄されているということ。そのような地平は事物の「表面」に対する時空的な「奥行」でもある。このようにして、実際には地平の展開というかたちで、「普遍的相関のアプリオリ」は相対的にのみ提示されてくる。なおそこでは世界は、「根源的現前」の核と、その内的および外的な地平となる妥当によって自己を呈示し、自我主観は世界知覚によって他者との連係や相互主観的共同化によって、相互の訂正により妥当の変移を促す(62)。

西田の意志と絶対無の哲学およびフッサールの現象学が、アプリオリな主体の能力を背景に生成した〈斉一性‐再現性〉〈合理‐演繹‐法則〉〈経験‐帰納‐検証〉の結合および循環の体系よりなる近代科学の客観性および普遍性を相対化し、カントによるアプリオリな時空の直観形式と純粋悟性概念や判断などの思惟形式に基づいたいわゆる純粋自然科学を可能ならしめる所以の超越的真理の体系という了解を踏破した。なお両者の科学に対する方法的自覚には、相対的位置づけと歴史的（生）世界の下での基礎づけという自覚があったが、フッサールには西田のような実存的な自覚はなく、知（智）の次元的統合性には及ばず、また近代自然科学の社会や歴史さらには知や制度上の「他性」との関係性に関しては、両者ともほとんど無自覚の領域にとどまっていた。さらに「歴史の目的論」に関しては、それぞれ日本およびヨーロッパの、民族的理性主観に根差した〈絶対無〉や〈間‐主観性〉の原理によって担われ、ひっきょう「〈他者への関係〉の再自己固有化[63]」を促し、皮肉にもいずれも絶対的危機の歴史を増幅させることになった。

ところでフーコーの近代科学の理解によれば、デカルトの時代の科学とは、表象（自然に対する人間のイメージ）と記号（記号・数・量）の表（タブロー）の学であり、同一性と差異性に基づいて物の秩序を形成する方法でしかなかった。したがってそこでは自然科学が成立したが、いわゆる人間諸科学（社会科学や人文科学）は存在しえなかった。しかし一八世紀から一九世紀にかけて、解剖学に端を発する個の死や有限性の認識に伴いエピステーメ（知の枠組）の転換が生起し、非連続的な「生命」という概念が誕生するとともに、コントの実証主義とも相俟って近代諸人間科学（生物学、進化論、言語学、経済学など）が生成してきた。その「画期」性は、高次元的な認識主体である人間を同時に客体として扱うところにあり、いずれその准‐三（高）次元的方法は新たな現代諸科学（生化学、生体工学、遺伝子工学、現代宇宙物理学など）を生成させるに至っている。

このようにして誕生した数多の専門諸科学だが、問題は、それらが近現代社会では国家、資本、宗教の諸権力（論理）と結びつき、優生、浄化、破壊の思想を更新した点にある。軍事科学はもとより今や医科学までもが、人間を専門家や機械で監視し、あるいは数値で強迫し、国家や資本の権力に奉仕している。科学文明社会の外部が存続しえなくなりつつある現在、科学・科学技術のポジティブな活用のためにも、改めて東西思想止揚の「覚‐自」的な視点から科学の方法と在り様を見なおし、地平的かつ次元的総合による高次元的なコントロールの可能な「公‐共」的な世界を形成していかなければならない。

5　無限意識と実存

科学・科学技術の内包的な代名詞が「進歩」であるならば、その功罪性を問うことは矛盾・無意味な営為となる。だが事象が「進歩」であるか「退歩」であるかの判断は、相対的で容易ではない。そもそも科学主義的な進歩礼賛は以て非なる実存によるもの。もとより衣・食・住・医の高度な生活を追求する科学・科学技術の役割は、おおむね否定すべくもない。しかしこの追求は、むしろ多くは未知なる世界や現象に対する好奇心やあらゆるモノの支配を目論む欲望や野望に根差しており、そこに資本と国家の論理が絡み、自ずと進歩の意味も功罪性の評価も曖昧なものとなり不問となる。結果そこで、問題や責任はもっぱら利用する側にある、という専門科学者集団の常套的な詭弁や居直りを放置し許容することにもなる。この宿命的ともいえる態度硬直。だからと言って我々は未来社会の展望を遮断する愚昧なシニシズムに加担する謂れはなく、何よりも科学・科学技術に対する高次元的なコントロールの可能な社会を創出していかなければならない。そのためにも科学的思惟と哲学的思惟の地平的かつ次元的総合に基づき、科学・科学技術の意味と意義を問い、統一的な共生（棲）世界の、またかかる世界での科学や科学技術の在り様を問い続けなければならない。このようなたゆまぬ努力と営為によってこそ、少なくとも近未来の科学文明社会は制御可能な範囲にあり続けるであろう。

ところでモノの原理や現象を究明する科学的思惟は、古代ギリシャのタレスの原理を探求する哲学的思惟と、そして何よりもピタゴラスの宗教的調和概念と無限意識に基づいた数理論的な思考法を端緒に、デカルトの合理思想やベーコンの経験的実証主義を介して、形成されてきた。つまり宗教的な数的調和概念と無限意識が、対象化されたモノの無限の延長や広がりと結びつき、他方形式論理化された数理が、ミクロとマクロの無限分割可能な微分的かつ積分的数学を誕生させ、力学および理論物理学との相互作用の下で、高度に精緻なる数理科学的思惟が生み出され更新されてきたのである。今日の科学・科学技術の諸問題は、このまさに原初的な宗教的な調和概念や無限意識との対決抜きであるいはその無自覚なままに、もっぱら生活世界での高次元的な身体性を低次元化させたところに発生してきた。科学主義が宗教意識の物質主義への投影であるならば、無限意識や数理を超次元的な宗教から切り離し、徹頭徹尾実存的かつ形式的に考察することが求められる。

哲学と科学の思惟の「間」にあって、「無限」とは、連続性や無境界性および地平や永劫回帰などを象徴する、すなわち「覚‐自」的な次元性を反映する、ある意味実存的な概念でもある。西田は、前章でも述べたように、科学の生成に関するかかる「間」の思惟において、三次元的物理現象の背後にあるものとして、実在認識の根底としての因果に支配されない高次元的な自由な意志を想定した。そして彼はかかる意志が物の中にある「力の場」としての空間と変化・運動としての時間との統一化を促し、「働くこと」と「知ること」の感覚の統一および〈純粋統覚〉の統合により種々の因果律を構成し、すべての内容を以て実在界を成立せしめる、と考えた。まさに自由な意志こそが客観的現象界生成の最大のアプリオリなる因であった。そこでは三次元的すなわち対象的数理的かつ物理的な無限性が、「自己に於いて自己を見る」自覚化過程の内面的な無限性に還元され、自由な意志は内的知覚を介して、時の潜在性としての無限に可能なるものを創造していくとみなされた。彼の自由意志には「神秘」なる宗教的観念を伴っていたが[64]、それでもそれは身体の内側にありあらゆるものの創造の原動力でもあった。それは、ショーペンハウエルのような〈物自体〉に属する有を限定する非合理な盲目の意志とは異なり、無の限定、合理的なものを包む場所的限定により行為的・表現的に歴史的事物を創造せしめる、内・外、物・心の無限意識をなぞる実存的なものであった[65]。

西田の意志的行為は以上のごとく実存的自覚に基づいており、「覚-自」は絶対的矛盾の世界のなかで無限の次元的転化と無限の限定を要求する。さしずめ数学的世界においては、たとえば点の集合がその極限において連続的直線に移りゆき、多角形がその極限において円に移りゆくように、そこには無限の反省とともに到達不可能な極限点が想定され、事象はかかる極限点において新たなる直覚により前の立場を包含しつつ別のものへと転化発展していくという自覚があった[66]。西田により無限意識と数理が自覚的な多次元的体系としてとらえられたことは、ピタゴラスの素朴な宗教哲学的な数学思想を越え、また近現代の科学主義を乗り越え、さらには今日の数学界や科学界の抱える数々の形而上学的な難題をも解く可能性を与えた。問題はしかし、彼の実存の在り様にあった。西田の自覚には、絶対的矛盾の現世界において矛盾が自覚的限定により自己同一化される宗教的実存の面が強調され、矛盾と自覚するあるいは認識する前の、すなわち事象それ自体の動態に対する唯物的自覚が希薄であった。科学を科学として認容する上で、唯物的自覚は必須であり、なおもその倫理性を問うとすれば、「科学的精神は宗教によって基礎づけられる」[67]のではなく、それは社会歴史的実存によっておよび唯物と倫理の象徴でもある「医の哲学」によってこそ基礎づけられるべきであろう。そこで初めて科学の「公・共」性（普遍性）が担保されうるものと思われる。

科学・科学技術の脱、再構築において、宗教的実存との断絶は必須である。しかし実存的思惟とまるごと断絶しては、いずれ再び制御不可能となった科学・科学技術に宗教の「魔」の手が伸びてくる。事実科学が宗教と訣別したのちも、神秘的な宗教的観念が科学する主体の精神に「憑在」し、枯渇した主体の心のひだに入り込み、人間の「自然的幸福」を蝕む科学主義と教条主義の唯物的宗教の世界を再来させることにもなった。そのもたらした負の遺産は多大であり、であるならば科学や科学技術に対する盲目的な信頼が、超次元的な宗教へと回帰するというアイロニーに対して自覚的でなければならない。神秘的宗教の語る超次元的な世界は、もとより極私的信仰の世界でしかなく、「公・共」的世界においては、語りえない世界である。科学的思惟および方法の妥当性は、唯物的かつ身体的自覚に基づいた言語による「基礎づけ」によってこそ確保されうるものであり、ゆえに神秘的宗教による科学への実存的接近に対しては断絶が求められる。とりわけ数学的かつ物理的探求においては、神秘とは隔絶した唯物・無限・実存の自覚を以て〈態度変更〉を重ねつつ、事象自体をあくまでも形式的および即物的に観察し対象化しあるいは分析し実証化していく、と同時に等身大の科学および個々の身体および医の哲学に相応しい科学の在り様を模索し、構築・更新していくことが望まれるであろう。

もちろんこのような唯物的かつ身体的実存の自覚には、主体の科学的認識の方法的自覚とともに社会系譜学的知の条件の学習、および社会総体の認識を可能とする自覚が問われる。科学の方法的自覚を取り巻く無限意識を含めて、非宗教的哲学的な、すなわちここでもフーコーの唱える〈実存の美学〉のような脱キリスト教的実存が、さらには科学主義や教条主義に陥ることのない社会的かつ歴史的な実存の在り様が求められる。とはいえいずれもギリシャーヨーロッパ出自の実存であり、したがってそこには善きにつけ悪しきにつけ、刻印されたメシア的宗教からは完全には解放されることはないであろう。

レヴィナスの、〈無限なるもの〉の概念である「本源的なものの超越」という自得もまた、非宗教的実存の自覚に基づくものであるが、その観念の「みずから啓示するもの」との了解[68]は、無神論的なスタンスを標榜しつつも、ひっきょうキルケゴールさながらキリスト教的実存に親和的なものとなる。彼の無限なる異邦人としての「他者」を重視し、その「顔」を通しての語りやコミュニケーションの結実の場や成果である倫理、社会、文化、労働などに対する言及[69]は、ともすれば神的形而上学的な無限論に吸収されていく「限界」をはらむものである。いわゆる思想的ハビティスの衝撃から全く自由でありえないとしても、少なくとも今日、「開示」であろうとも「啓示」であろうとも、むしろその手前の実存が問われなければならないのである。

ところで一般的に実存とは、文字通り「実際に存在していること」を意味し、「現実をいかに生きるか」という主体的倫理的自覚の在り様を示す言葉として、特に現代西洋思想のキーワードとして用いられてきた。他方哲学的にはそれは、普遍的概念によって理性的に把握される事物の「本質」へと還元することのできない、非合理的な存在を表現する言葉として解釈され、とりわけ近代から現代に至る過程においてヘーゲルの理性の絶対知に対抗するなかで、まさに「実存が本質に先立つ」（サルトル）、個の単独性や唯一性の自覚に基づいた言葉として思想化され、あるいは体系化されてきた。なおその端緒となったのが、ヘーゲルの「真なるものは全体である」とする客観的・俯瞰的弁証法に対し、「主体性が真理である」として実存主義的な弁証法を展開したキルケゴールの哲学であった。彼は、サルトルが唯物的かつ無神論的な実存において、即自と対自による情動的、理性的、社会的な質的弁証法を論じたのに対して、「単独者（唯一者）」の実存において、芸術的、倫理的、宗教的に内面的に深化し止揚されていく、質的弁証法を説いた。

「自己は無限性と有限性との意識的な総合であり、自己自身に関係するところの総合である。自己の課題は自己自身となるにある、——これは神への関係を通じてのみ実現せられうるのである」[70]。「信仰とは、自己が自己自身でありかつあろうと欲するに際して、同時に自己自身を自覚的に神に基礎づけることである」[71]。キルケゴールの実存とは、芸術的および倫理的実存でもあるが、結局キリスト教的神への信仰において極まり基礎づけられる、いわゆる神秘的な宗教的実存に収斂されるものである。したがって彼の言う〈単独者〉は、神の前に立ち、絶対神とともにある「単独者」にすぎなかった[72]。

神秘的な宗教的実存という点では、西田哲学もキルケゴールの哲学と通底する。西田の真の自覚とは、「無にして自己自身を見る、無が無自身を限定する」「絶対に無にして自己自身を限定する」絶対無（絶対有）の自覚、ひっきょう「永遠の今」の直覚によりノエシス的限定の根底において「非合理性の合理性として神に触れると言うことができる」[73]という、さらには自称場所的弁証法により絶対無なる絶対的神性に促されて演繹的に「絶対矛盾的自己同一」的な「事行」に挺身するという、神的自覚であった。ただし、キルケゴールの宗教的自覚が絶対的他者であるキリスト教の神に帰依する、ある意味究極の私的かつ内面的個の実存に立脚するのに対し、西田のそれは諸宗教の神々を普遍的な「絶対神」や神性に包括し、宗教の合理的統合化（精神的覇権）および公共化を志向するものであった。

　西田の宗教観は、スピノザの汎神論的な宗教観とも類似するが、西田にはスピノザのような主語主義的な神主体の論理とは異なり、述語主義に根差した自己主体すなわち行為的自己による論理および自覚があり、歴史社会的な実存的自覚をも宿していた。ただ彼の〈絶対無〉の場所的自覚には神秘的宗教が先行しており、そのため開かれる「実在としての真理」の自覚的次元を閉じ、かかる実存的自覚を狭隘化するものでもあった。「どこまでも自己の独断を棄てて、真に物そのものとなって考え、物そのものとなって行う[74]」という彼の宗教的な無限・唯物・実存なる自覚は、いずれ絶対無の投自的闇に帰すことになったように、そもそも実存的自覚とは、無限意識に関わるとしても神的自覚に還元されるものではない。むしろ自己が自己であることの自覚においては、無限意識は何よりも先ず宗教的観念や信仰よりも身体的自己を規定する対他的および環境や社会との関係における実存的自覚として問われるべきである。

　リアルな実存的自覚は、西田のような観念的な「純粋経験」ではなく、現実の唯物的、身体的かつ社会的な経験によってこそ芽生えてくる。その点では、サルトルの唯物的、情動的・想像（創造）的かつ倫理的実存と、メルロ・ポンティの身体的実存によって語られうる、他（私）有化と共有化の対他的「覚‐自」的実存の在り様に対する問いは、重要となる。さしずめかかる問いに応答するならば、

「単独者」とは無限の種的遺伝的同一性と個的異質性の「間」においてあり、レヴィナスの対他的な世界外的な無限意識は、同時に「自同者」としての自己の無限意識ともなる。ちなみに「無限」とは、物象的には、「境界なき充実の真空」に相当し、高次元的(実存的)には、仏教の「空」という「概念」にも匹敵する。究極にはしかしそれは、無限即有限なるつまり「唯物的空」である。ちなみに識者達によってしばしば誤解されるが、老子や西田の言う絶対無はいかなる「空」でもない(75)。ましてや唯物的空にあっては、絶対無は機能的役割以外の意味はすべて剥奪される。

〈注〉

1 物体のみならず、自我、社会、国家全般を唯物的な運動として明らかにする学説。
2 なおこの同床異夢の双璧は、くしくも西洋医学界に解剖生理学中心の医科学と心の病を癒す精神医学という絶対矛盾の「野合」を持ち込んだ。
3 「フォイエルバッハにかんするテーゼ」『ドイツ・イデオロギー』一五〇〜一頁参照。
4 『フォイエルバッハ論』五一頁。
5 『哲学の根本問題』九九頁。
6 『自覚に於ける直観と反省』一五頁。
7 (5)同書同頁。
8 『無の自覚的限定』一四頁。
9 右同書、一五頁。
10 拙書『空的還元』一四〇〜一頁。
11 詳細は右同書、一四四〜八頁参照。
12 『善の研究』三七〜八頁参照。

13　右同書、四〇頁参照。
14　『唯心論と唯物論』四八頁と一〇〇頁参照。
15　右同書、四三頁。
16　同書、一五頁と二二頁。
17　同書、三四～六頁。
18　『権力への意志（下）』二二九頁。
19　なおこの点については、コント＝スポンヴィルが「野獣、詭弁家、唯美主義者」『反ニーチェ』のなかで、ニーチェの「位階の価値」に基づいた、人種差別、馬鹿げたエリート主義、優生学、弱者の抹殺、奴隷制の弁護、圧制の擁護、民主主義に対する侮辱などとりあげ（五〇～二頁参照）、かかる彼の意図を無害なものにする、一連のニーチェ主義者による形而上学的試みを批判している（八〇～一頁参照）。同感である。
20　プラトンが価値の存在を問うのに対して、ニーチェは存在の価値を問うこと、要するに存在優位から価値（生成、感覚なるもの）優位への転倒ということ。しかし、少なくともかかる二元論を前提にしている点では、転倒したプラトン主義であり、同時に近代西洋形而上学の系譜においてあり、その点ではニーチェ主義は「近代的企図」の諸原理の別様の展開にすぎない。
21　『内省と遡行』一六五頁。
22　『ニーチェ』六一～七一頁参照。
23　『マルクス　その可能なる中心』一五六頁参照。ただしこの場合、物理学的な真空（＝無）ではない。
24　『存在と無』第三部第二章「対自存在としての身体、事実性」三〇八頁参照。
25　『自覚に於ける直観と反省』二三七頁参照。
26　右同書、二三九頁。
27　右同書、同頁。
28　『哲学論文集（Ⅲ）』二三頁。
29　右同書、二四五頁。

30 『無の自覚的限定』（二六三頁他）では、行為的直観や精神と物体の結合について、また『哲学の根本問題』（一三〇～一頁）では、身体の行動の道具かつ表現の意味について述べられている。
31 『自覚に於ける直観と反省』二一九～三五頁参照。
32 『無の自覚的限定』三五〇頁他参照。
33 右同書、三五六頁参照。
34 同書、一二八～一三二頁参照。
35 同書、二〇六～七頁参照。
36 『知覚の現象学Ⅰ』七頁。
37 「知覚の優位性とその哲学的帰結」『モーリス・メルロ＝ポンティ』一二五頁参照。
38 右同論文、一二九頁参照。
39 同論文同頁。
40 『メルロ・ポンティの研究ノート』六一～三頁参照。
41 右同書、六三頁。
42 同書、二九頁参照。
43 同書、六六頁参照。
44 同書、六八頁。
45 同書、七一頁。
46 同書、六九頁。
47 『空的還元』一三四～八頁参照。
48 『ヨーロッパ諸学の危機と超越論現象学』七九頁参照。
49 『哲学論文集（Ⅲ）』二二三～六頁参照。
50 右同書、二五九頁。
51 同書、二六一～六頁参照。

52 同書、二七五～六頁参照。
53 『働くものから見るものへ』五〇～七五頁参照。
54 右同書、二二九頁。
55 同書、二三七頁参照。
56 『哲学論文集（Ⅲ）』二九五頁参照。
57 「存在の秩序」というのは、古代ギリシャのアリストテレス以来メルロ・ポンティにも及ぶ、ヨーロッパ形而上学伝統の、物質、有機物、精神によって階序化された存在論。
58 『ヨーロッパ諸学の危機と超越論的現象学』四二～五一頁参照。
59 右同書、五五頁。
60 同書、五七頁参照。
61 同書で、フッサールは「無限に仮説でありつづけ、無限に検証でありつづけるということが、自然科学に固有な本質であり、アプリオリに自然科学のあり方なのである」（六一頁）と言っている。
62 同書、二三〇～五頁参照。
63 『逆光のロゴス』二九頁。
64 『働くものから見るものへ』五〇～七五頁および『自覚に於ける直観と反省』二七二～五頁参照。
65 『無の自覚的限定』二七〇～一頁参照。
66 『自覚に於ける直観と反省』一六四頁参照。
67 『哲学論文集（Ⅲ）』三〇〇頁。
68 『全体性と無限（上）』において、彼は「無限なるものの無限化が啓示として生起し、〈私〉のうちに無限なる観念を植えつける」（二六頁）および「〈無限なもの〉の観念は、みずから啓示する。……開示でなく啓示」（一〇七～一一五頁）であることを強調する。
69 右同書、一九三頁他参照。
70 『死に至る病』四四頁。

71 右同書、一三二頁。

72 絶対者の前の「単独者」という自覚は、「「念仏のまこと」——「親鸞一人」超個己の人——日本的霊性——これらはいずれも大地の真実性・絶対性・孤住独行性・具体的究極性と相呼応するところの直覚である」（『日本的霊性』九九頁）とする、鈴木大拙の自得とも重なる。つまり宗教的自覚（覚醒）とは、類的にして実存的かつ極私的な自覚にほかならない、ということ。

73 『無の自覚的限定』一五〇頁。

74 『哲学論文集Ⅲ』三〇〇頁。

75 ちなみに『老子・荘子』（三八一頁）のなかで、森は、老子の無（無限の無、絶対無、本義無）よりも、荘子の無限（無限者、無極）の方がはるかに空（般若）に近い、と論じている。

第三章　唯物的空なる

「色即是空、空即是色」（般若心経：玄奘漢訳）――唯物的自覚は、物質（色）とはすなわち空であり、かつ空とはすなわち物質（色）であるという唯物的空なる自覚へと極まる。この章では、多次元的な世界における日々の体験による、リアルで被規定的なまた唯物的で身体的な、かかる自覚の深化のなかで、「覚-自」によってしだいに確たるパースペクティヴを以て開示され「覚-認」される唯物的空なる物質、事象、世界について述べる。「唯物的空」というこの耳慣れない隠喩的な、概念ならぬ概念に基づいた自覚的な言葉、そしてかかる言葉を以て象徴される、仮説・推量の「〜のような」「色」の世界は、現実生活の実相であり、「公-共」的な生活の基盤となっている。

1 〈絶対無〉化作用

サルトルの無化作用が、絶対的かつ全方位的な〈絶対無〉化へと止揚されることにより、多次元的にすなわちいかなる先験的および伝統的な権威、観念、価値、制度をも否-定、解体、無化する、さらに「絶対無化」（シモーヌ・ヴェイユ）さえも無化する作用となる。以後このラジカルな無化作用のことを、〈絶対無〉化作用および絶対的無化作用と呼ぶことにする。それはまさに〈絶対有〉の無化、否定、解体、濾過および無限の還元を促す。

西田哲学の絶対無は、ノエシスのノエシス（ノエシス的超越の方向の極限なる実在面、超越的述語面）、すなわちフッサールの現象学的還元をも還元するラジカルな地平を予見させたが、しかしそれは無限的かつ全面的な無化の果てに蘇る「相対的な有」ではなく、観念と権威をはらむ〈絶対有〉と裏腹のものであった。往相としての「働くもの」の意志の働く場所性と、還相としての「見るもの」の自覚において、絶対無がノエマ的叡智界に「君臨」し、意志的叡智的自己である道徳的自己は自己矛盾の極限において回心を体験する。そうして絶対無の場所自身の自覚と自己が絶対無であることの自覚との相即の自覚的限定によって、自己が絶対無の影を「映す鏡」となり、権威ある絶対無の場所となった歴史的世界へ物となって献身していくことが自由意志の使命となる。この絶対的歴史観と献身という構図は、まさに同時代的な教条的マルクス‐レーニン主義と相似的であり、いずれも絶対的な神や歴史や教義への信仰という、投自的観念や意志のアプリオリなものへの糾合が読みとれる。

西田には無化作用という概念もタームもなかったが、それでも彼は無自覚的ではあったが、絶対無を体得・体認する過程（禅的体験）において、内在的な強力な無への意志を行使していた。しかしそのような強力な無への意志は理論化されることなく、もっぱら認識を促す演繹的な自由な客観的な意志のみが論じられた。すなわち感覚にせよ知覚にせよ意識現象のすべてが意志のアプリオリにおいて成立し構成され、「働く我」の純粋なる意志の力によって我々は、ものを見、聞き、考え、そうして感覚と思惟を包む先験的統一の下客観的実在の構成を行い、ものを認識していく、というもの[1]。しかも「認識発展の要求はアプリオリの、アプリオリの立場における認識作用自身の目的から起こって来なければならない[2]」。意味するところは、時空は客観的形式（カント）にあらず、意志表現の一般的形式として物の中に存在し、事象を「作用の作用」の立場に対象化することで、我を認識し、事象の客観化が成就していく、という了解である。そこでは、自由にして無限の意志の働きが、内的知覚を通しての無限に可能なものへの作用の統一へと向かう。すなわち構成的思惟が客観的経験界を構成するには、その根底に主客合一の純粋活動たる無限なる意志による「事行」の立場がなければならない。「超越的なものを内在化し、非合理なものを合理化する純粋統覚の立場において、時間的物の概念、すなわち経験しうるものの概念が成立し、かかる概念的統一を進め行くことによって、働くものの概念を生じ、ついに基体なき作用の概念に到達せなければならない[3]」。

「アプリオリのアプリオリ」性や「作用の作用」および「基体なき作用」とは、結局「働くもの」の自由な創造的な意志に内在し作用する「超越的なもの」を暗示する。それはすなわち諸々の意志の矛盾を超越する真の無の絶対無なる生滅の場所であり、意志そのものが否定され、働くことさえ意味がなくなり、ただ見るという場所（世界）である。またそれはアプリオリな絶対有（者）を派生（転化）させ、からの自由意志を支える場所でもある。いずれにしても西田のアプリオリな意志には、当初より作用の作用を促す演繹の権威ある絶対無（絶対有）の意志がはらまれていたのだ。したがって人間の意志は、一面任意でありながら、本質的には絶対有（者：神）に対する無限なる義務を負う絶対の当為をはらむことになり、「働くもの」の主体は、絶対無の自覚的限定により「目的の王国」を目指し人格的に統一され、宗教的自由の領域へと回収されていく[4]。ゆえにそこでは、主体が「行為的直観」や「事行」を通して絶対無を自覚することがあっても、絶対的な無を機能的に行使するという、まさに〈絶対無〉化作用に対する自覚に及ぶことがない。

結局西田の自由意志とはアプリオリにあらずして、実はアプリオリのアプリオリからの、すなわち絶対無を場とする神聖なる「絶対神」のアポステリオリにすぎなかった。彼の絶対無の自覚的限定による意志論や認識論さらには歴史観に言及する場合、この彼の演繹的な哲学的スタンスを理解しておく必要がある。本来意志がアプリオリであるのは、カントや西田のごとく宗教的・道徳的義務や格率としてではなく、何よりも生命力を基盤とし社会や歴史と連繫する、……「生きんとする意志」であることによってである。それには類的および種的な生理的欲求や社会的要求、あるいは宗教的、倫理的な禁欲だの権力への意志だのといった、ただ多様で多次元的な身体的欲求や実存に根差した意志があるだけである。何よりも人間的な自由意志が「自らに由る」意志すなわち「わたしの生きんとする意志」であり、わたし自身がどのように生きるか、ということに尽きる。かかる任意の選択性をはらんだ意志には、「無への意志」や「まったき他者」に呼応する意志があっても、絶対的に自由であるような神的意志も作用もない。

仮に今西田のいう絶対無という究極の観念的実在世界が存在するとしても、それは対自的かつ脱自的遡行の地平および場所として直覚されるというよりは、むしろ〈生きんとする意志〉の先端において、およびタナトスや強力なる「否定の意志」の彼岸において直観される私的な世界であろう。彼の推奨する宗教的な「修行」というものも、自らが苦悩し自らを無化しそして「悟得」する、まさにそのような生を欲する〈生きんとする意志〉が大前提にある。そこには主体が目的を設定し、自己否定や無化作用を促す強力な意志がはたらくが、予め措定されるようなアプリオリな神性（神聖）も絶対的な「善意」もない。とすれば絶対無とは対自的な無化作用と無の実存的意識を根拠とする幻想の世界であり、かかる場所から世界が現象するという「創造と作用の神話」のシナリオは、まさしく超次元的な私的な想念すぎなくなる。なぜなら無は絶対であろうとも、無（虚無・空虚）でしかないからである。

無自覚的ではあったが、西田にもあった情動的な「無への意志」。だがそれは、対他的即物的な世界すなわち社会や諸制度に対する否定および無化に及ぶ、全方位的な意志ではなかった。ゆえに自己を無にしての即自的な権威ある歴史世界への投自的行為のみが強調されることになった。そのような狭隘化された西田の無への意志に対し、サルトルの「超世界」的対自による「無への意志」すなわち無化〈否定〉作用は、不徹底ではあるが即自的世界の全てに及ぶものであり、それゆえ彼の無化は、いかなる絶対者や絶対的権威なる存在も認容しない、というラジカルな社会的な作用をはらんでいた。そもそもサルトルにとって〈無〉とは存在の反対概念というよりも矛盾概念イコール非存在であり、西田の無のアプリオリ性とは反対に無のアポステリオリ性すなわち存在の否定ゆえに存在よりも後になる。したがって無からは存在が発生することは毛頭なく、対自的存在による人間的自由に根差す無への意志、すなわち存在拒否、存在の無への投企、連続性の突然の中断、形態の背景化、問題外とするなどの否定・無化は、「世界内存在」としての意味への問いかけの条件となる。[5] それは、存在を論理的に無に移行させる（ヘーゲル）のではなく、また無を存在から追放し存在のヴェールとする（ハイデッカー）のでもなく、あくまでも存在につきまとい超世界的な無と化すことを意味する。アプリオリ性は、西田の内在の核心における超越者（心象）による作用の作用にではなく、対自的かつ対他的な無化の〈否性〉すなわち絶対的否定性においてである。

サルトルが「人間は無を世界に到来させる存在である」[6]というとき、人間的な自由をその必要条件として、人間の本質に先立ち、人間の本質を可能ならしめるものとして想定する。なおそのような自由を意識し自覚するのは〈不安〉においてである。不安とはたんなる罪の前の不安（キルケゴール）でも無の把握による不安（ハイデッガー）でもなく、より根本的に未来や過去と切り離す無による不安である[7]。そしてかかる不安によってあらわになる自由は、〈状況〉の総合的把握によって自ら（「私（わたし）」）を再びつくり出すことになる。人間が無によって切り離された自己の本質（「私」のアプリオリなかつ歴史的な内容）を自己の可能な始源としてとらえ、「存在の欠如」からの自己超出、すなわち世界への対自的および対他的な二重の無化運動により、「存在の全体性」を目指すことになる。実際にはしかしそこには「あらゆる瞬間ごとに、世界に被投され拘束されている」という社会歴史的な被規定的な自覚があり、そこからの解放のための企てや行動のただなかで、自由で不安な自己を発見しつつ超出を目指す、ことになる。

サルトルのこのような無化作用および無への意志は、西田の〈絶対無〉をも踏破するラジカルなインパクトを有するものであったが、しかしそれは「存在の欠如」を前提とし、その目指す「存在の全体性」自体が絶対的な条件の、すなわち西田哲学と通底する神的隠喩なる「完全性」あるいは「善性」なるものへの信仰と紙一重でもあった。絶対的な無化作用にあっては、全てを何ものでも無いものにすることであり、そこにはいかなる欠如も反転も完全性も、またいかなる精神的規範も認容されない。したがって〈絶対無〉化作用によって開示される事象‐存在は、全てが等しく、ただそれだけの「仮有（仮象）」となるほかない。

ところで東洋思想とりわけ本覚的な禅思想においては、〈無〉は思想の核をなす。しかしそれは、西田のごとき神秘的な「絶対有」へ転化するような実体的な〈絶対無〉としてではなく、あくまでも「無への意志」に即した非実体的な「無」として重視される。さらにサルトルの「無」の了解との対比で言えば、それはサルトルの「絶対的な深淵なる無」ではあるが、認識の対象としてのたんなる「存在の穴」ではない。また「無への意志」は、サルトルの「人間的自由」に基づいた無化作用と親和的であるが、彼のたんなる止揚の運命とともにある弁証法的な否定性をも踏破する強力な指向性を示す。問題は、その強力性が情動的かつ内向的であるがために、サルトルのような全方位的な認識論的了解に乏しく、結果自己の意識や身体に張りめぐらされ刻印された社会的な事象や状況に対する認識や自覚が希薄化される。結果未完にして更新性および不可避性なる即物的な他性が捨象し観念的独我論に陥る。して自得され開示された世界は私的な枠内に狭隘化され不分明なものとなる。次節で詳論するが、そもそも仏教的な「覚‐自」の世界とは、「ありのままに感謝し生きる」存在者即空なる自得の世界であるが、おおむねそれは社会的矛盾を自己矛盾に還元することで自足し、西田同様、自得の世界の汎化と融和により現実世界の矛盾を隠蔽し、かかる世界の権威への投自的存在であることを奨励するような、絶対矛盾的自己同一の観念的な冥（迷）界に沈淪することになる。〈絶対無〉化作用は、このような「限界」をも突破するためにこそ遂行されねばならない。

全方位的なラジカルな〈絶対無〉化作用は、知的・情動的レベルでの芸術、科学、宗教、政治、制度などのあらゆる領域一切の〈絶対的有〉なる権威や完全なる全体性を解体し無化し相対化し、同時に認識かつ意志のレベルでの否定・無化・解体を促す限界なき還元的営為および脱・再構築（統一化）のプロセスを要請していくもの。その内在的極限にあっては、前述したような、価値も権威もないたんなる平等なる「モノ」であるという唯物的自覚と、さらにかかる「モノ」さえも崩壊していく高次元的自由なる地平すなわち唯物的空なる自覚があるだけである。

2　空的還元・唯物的空・生命

〈絶対無〉化作用によるならば、またその作用の限りなき過程においては、無であれ存在であれ、いかなる「実在」も神的全体性や絶対有に反転し蘇るあるいは帰趨するということはない。全面的かつ徹底した否定性に及ぶ、このような限りなき作用によってあよび過程において開示される究極の「実在」とは、非実体的にして「仮有」なる非存在の存在すなわちかの「真空」を表徴とする物象的にして、さらに無限生滅相なる高次元的な真空妙有にして唯物的空なる「場」である。そこでは相関的因縁的な働きの相が「覚‐認」され感得されるだけ。この節ではこの絶対的無化作用のはたらく無限の、還元過程とそこで感得され開示される多次元的な「唯物的空」について考察する。先ずはいずれの概念においても基調となる〈空〉および空思想について考えてみたい。

改めて空：Śūnyatāとは、仏教の三法印の〈諸法無我〉に由来する概念‐用語である。大乗仏教では、さらに諸法（存在一般）および「無我」をも超え、有無以前の、実体（自性）なき生滅の、因果と因縁（縁起）に基づいた相互依存的な存在ならぬ存在および「空我」として、自覚・自得される。だがこのような空観には、当初より唯物的自覚の経由や媒介がなく、そのためそれはおおむね心的実体的に言説化され、しだいに唯我的観念的に解されるようになった。華厳の法界縁起観によれば、〈空なる世界〉とは般若の根本的体験や智慧により創造（想像）的に直観された、自得の（唯我的な）

広大なる調和の〈蓮華蔵世界〉および〈事事無礙法界〉である。このような世界は、「唯物にあらず唯心にあらず」のありのままの一如なる世界と体得され説示されるが、そこには「唯物にして唯物にあらず」という自覚はない。そもそも仏教修行僧の「無への意志」とは、身体的自己の内面に機能するが、サルトルの無化作用のごとく「世界」に向かうことがなく、身体的自己の唯物的さらには社会的自覚を欠落させたままに、ひっきょう唯心的な、ゆえにともすればあらゆる事象を「唯我独尊」的な、超次元的唯我論の世界へと収斂させてしまうのである。

無我や空を基調とした仏教思想のラジカル性とそれゆえの欠落。実はかかるジレンマは、そもそものブッダの思想形成の途上において、前時代の諸思想・哲学（ヴェーダ、バラモン教、古ウパニシャッド哲学など）に同伴する諸々の形而上学体系および制度（梵我一如論、宇宙創成説、輪廻・宿業説、カースト制）に対する、ラジカルな批判的解体とその結果としての唯物的かつ身体的な実在面の欠落に由来するものである。[8] なおその「限界」は、予め実体化された「心」を潜入させた〈色心不二〉や心身一如なる、精神優位の融合および和合観に窺える。それは主体の身体的かつ唯物的自覚や被規的自覚が問われないままに、心的かつ精神的な、刹那的な思（想）いだけが先行した結果である。もとよりブッダによる内在的な〈絶対無〉化作用は生きとし生きるものの平等思想を生み、カースト制度に対するラジカルな否定に及ぶ社会的自覚を高めた。惜しむらくはそれが実在論的かつ唯物論的な認識に基づく思想と結びつかなかったために、後の仏教継承者達を観念的な世界に迷い込ませ、戦争擁護および加担、魑魅魍魎なる体制権力との結託あるいは個人崇拝による教団形成など、多くの負の遺産をもたらすことになった。

ブッダの説いたたとえば往還の相としての八正道[9]には、普遍的な倫理（特に殺生戒や慈悲行など）が示されていた。しかしその多くは、時代的制約を勘案してもなお、社会的な状況や制度の認識や分析がなかったため、余りにも抽象的な「諭し」にとどまっていた。その要因はたんなるブッダ自身の資質や出自にあるだけではなく、教義思想の継承・布教につきまとうアイロニーにも根差していた。すなわちブッダの絶対的な無化作用により内在的に自得された平和で平等で自由なる境地、だがその外化された理想郷であるはずの、「サンガ（僧団）」という「共同社会」に生きる構成員（僧侶）達は、自らに禁欲や無労働・布施を強い、結果現実の経済的政治的支配社会から遊離することで時の権力から保護され、翻ってかかる権力を支持するという、まさに皮肉な宿命を背負わされたのだ。

かろうじて唯物的自覚を踏まえた〈色即是空・空即是色〉という境地。それは本来〈空〉とは「唯物的空」である、という言表であり自覚であったはず。だが仏教界の大勢はその本意を解すことなく、結局〈蓮華蔵世界〉や〈事事無礙法界〉のような観念的な自得の世界を敷衍することとなった。そのような世界はもとより我々身体的な存在者にとっては、たんに刹那的感覚や自己満足的な私的かつ「私‐共」的な超次元的世界でしかない。主体が身体の持続性においてあるかぎりは、我々人間は自然的かつ社会的人間として、個の生命閉じるまで唯物的多次元的な世界においてある。なおこの見失ってはならない自覚の重要性は、自覚の事前性においてあり、そこにはあれかこれかの可能性があったとしても、現実には主体が生かされ生きているという基盤は揺るがせないという事実性と宿命性に根差している。事実性とは対自然的被規定性という点でフォイエルバッハの、さらに対社会的被規定性という点ではマルクスのそれぞれの唯物的自覚と重なるが、宿命性という点では、唯物的自覚を支配する悟性的認識や判断をも超出する、たとえば禅の「ただそれだけの存在」という「諦念」の、情動的かつ実存的な空的な自覚にも及ぶ。総じて絶対的無化作用のラジカル性は、フォイエルバッハの「神の本質は人間の本質」やマルクス・エンゲルスの唯物史観およびはサルトルの〈全体化〉なる諸言説や諸観念、さらに伝統仏教の観念の一切をも踏破し、唯物的空なる世界を開示する。

出家であれ在家であれ、伝統仏教の教義や制度もまた無化され「解体」されねばならない。というのも自らの「生き方」が伝統の権威に依存するかぎり、主体自らが社会に「於いてある」という被規定的自覚を希薄化させ、結果私的、観念的な了解を超ええず、倫理的自由は観念的な限界をはらんでくるからである。とりわけ現代の高度組織機構社会のなかにあって、仏教思想はすでに観念と権威の保守以上の役割を果たせなくなってしまっている。それでもなお倫理的に生き実践していくとすれば、個々の人間が自らの「於いてある」身体的特性（気質や体質や能力など）や社会的位置（出自、地位、所属など）の「重‐力」を自覚し、当該社会総体を根本的に問い変革していくことが求められる。すなわち現代社会を〈絶対無〉化作用によってまた絶えざる還元過程において、いかに分析し認識し生きていくか、ということ。ちなみにこのような「生き方」に関わる作用および営為を、著者は空的還元（The Reduction by/to Śūnyatā）と、またその過程を空的還元過程と呼称し、自らの思考・言動・実践の基本的スタンスとしてきた[10]。

空観に基づいたこのような永続的で未完の還元作用をともなう空的還元過程とは、すなわち「わたし（われわれ）」が身体的自然およびその固有性をはらんだ生命体として、また日常の生活を営むそれゆえの社会的被規定的存在として、古今東西世界の膨大なる知的営みの広がり深まった唯物的、社会的かつ実存的な自覚を受けて、意志主体的に世界を直観し、認識し、反省し、無化（否定）し、批判し、実践していく過程である。それは、世界の脱かつ再構築を担い、脱規範的でありつつ「公‐

共」性をしこうしていく、未完の無限近接的な過程となる。そこでは目的と手段は相即的であり、合目的的で固定的なすなわち一極集中の全体主義的な実践とは真逆の、どこまでも多様にして開放的、グローバルにしてラジカルな、地平的かつ次元的総合に基づいた「公‐共」的統一性を担う営為となる。我々は地球世界においてあるかぎり、間‐主観的、‐身体的、‐テクスト的、さらには共‐存在的な、歴史的かつ社会文明的広がりや奥行をもった世界の「共有化」は必当然ではあるが、それがたとえば西洋文明中心の世界であるように、「他（私）有化」および相克もまた避けられない。ゆえに「公‐共」性の統一にあたって、相互認容と尊重を促す民主的なシステムと精神的様態の形成が、絶対条件となる。

空的還元過程において対自的主体による絶対的無化作用が遂行され、唯物的空なる世界が開示されてくる。かかる世界とは、生成、融合、分裂、破壊を促す多次元的な力（エネルギー）をはらんだ「場」であり、それは空的還元過程の究極のメルクマールとなる。そもそも因縁因果の空を「唯物的」という修飾語を以て表現するのは、それが唯心的かつ観念的にのみ超次元的に理解されてきた空観と異なる、何よりも多次元的な唯物的「境地」であることを示すためである。そこでは唯物的空が唯物的な多次元的力の場となり、自己限定的に自らの変幻自在なる「分身」を生成しかかる分身に多様な作用（融合や分裂など）を及ぼす。なおこの「分身」は、唯物的空なる「ただそれだけの自由な存在」として万象を多次元的に構成し、生命のアプリオリな次元的所与性をはらみつつ、非固有にして固有なる「モノ」として現象してくる。その詳細については後に明らかにされるが、いずれにせよ東西思想止揚の生命‐身体性に根差したこのような「覚‐自」的な認識および解釈は、空的還元過程において統一的に示されるであろう。

ところで認識主体である我々人間にとって、唯物的空なる世界の中心となる次元的概念は、何よりも「生命」である。なぜなら生命とは我々人間および生物を生存させている根本的かつ高次元的な力であるからである。一般的にそれは、身体および生体の成長や保全さらには生殖・発生に及ぶ物象的かつ生物的相から、情動・思考を促すエロス的および精神的な相に発展的に作用するものとみなされるが、かかる了解は実はアリストテレスの生気論に端を発するギリシャ・ヨーロッパの「存在の秩序」の思想に由来している。ちなみに生気論とは、自律的な目的をもつ生命力（エンテレケイア）を内在する固有生命が、無機物から有機物、下等生物から人間さらに精神へと連続的に発展していくという説に基づいている。このような生命の段階説がキリスト教や科学的な方法を吸収し、一七～九世紀には諸生物全体の分類に適用され、さらにその時空的変換を経て、不連続（艱難、出来事、変異など）を担保する連続性において生物が上昇および進化していくとみなす、ビュフォン、ラマルクおよびダーウィン達による「生命溢れる唯物論」や科学的進化論へと発展していった。

なお科学・科学技術の発達した現代では、「生命力」の外された固有生命すなわち個々の生体に対して、細大漏らさず観察が遂行され、その緻密で合理的な理解や記述が生命科学の発達や応用に相応の成果をもたらすまでに至っている。たとえば個的生体内では、とりわけ医科学があらゆる生命現象を「生理機能」として、食物の吸収、配分、ホルモンの分泌、不要物排除、体温の調整、また運動、反射、感覚、思考の作用、さらには成長、新陳代謝、繁殖などを、合理的にして精密なるマクロ的かつミクロ的な諸生命機能として配視し、診断から治療に及ぶ膨大なる医学関連の諸テクストを編纂してきた。さらに生体外的にも生命、細胞、遺伝子、神経系などに対する化学および工学あるいは情報科学の適用・応用により、万能細胞の発見・応用、クローン動物や精巧な電脳人間（ロボット）の創造、自動制御装置の開発と、今や科学的生命観が生活世界全般を覆い尽くしている。このような生命の物象化、低次元化は、しかし同時に生命の定義づけを困難にするとともに、自然生命性に及ぼすリスクを高め、倫理的な問題をも発生している。

ちなみに科学的操作によるクローン人間の創造は、人間生命の尊厳性を揺るがすゆえに倫理的に許容されないであろう。しかし解剖生理学や生命科学に基づいた疑似生命体すなわち機械的な「ぜんまい仕掛け」のあるいはコンピューターによる自動制御付のロボットの創造には、それが生命の絶対条件としての「自らが……する」身体生命的能動性を持たないかぎり、倫理的な問題は発生しない。ただし万一ロボットに「生命」が吹き込まれたならば、すなわちモノから生命への次元的転換を遂げたら話は別である。工学技術の関わる領域は三次元的空間に限定的であり、したがってそこでは高次元的飛躍による生命化はありえないが、生命の即物的連続性に沿った高度生命技術の更新により、すなわち高度有機蛋白体（ＲＮＡ／ＤＮＡ）の構成から生細胞の創造という、まさに生命の創造はありうるかもしれない。となればそこでは当然大きな生命責任をも伴うことになるであろう。

問われるべきはしかし、そのような固有生命の創造という冒険や好奇心などに関わる事よりも、現実の身体生命をいかに充全な衣・食・住・医を以て維持し、事故・戦争・病気・感染・地震・台風などから守っていくかという、「公‐共」的基盤をケアし保障していく叡智であり責任倫理である。そこでは当然高次元的な生命をも弁えた諸局面の対応、すなわち生物学、経済学、社会政治学、および医科学、物理学、化学、地学、気象学などの諸科学や人文学による地平的かつ次元的な総合分析・理解・コントロールが不可避となる。またもっぱら高次元的なエロスや「精神」や「欲望」などについての、心理学あるいは精神医学などの「心性科学」による分析、その社会学的応用や果たす社会的役割も軽視できない。ただそのような諸専門学が、モザイク的細分化に晒され既成の権威に自閉し固執するならば、むしろ身体の生命を枯渇させてしまうことになるであろう。

人間の身体生命は、生体としての固有性とともに、生殖・発生を媒介に実存的、集団的、社会歴史的な、固有生命を超える高次元的な存在性を示す。この超個なる生命性は宗教的かつ民族的な超次元的神秘性を帯びる傾向にあるが、〈絶対無〉化作用と還元作用を遂行する空的還元過程においては、高次元的な唯物的空なる生命としてのみ自覚される。そこでは東洋思想の基調をなす「生きとし生けるもの」との交流・交感があり、また個の死滅と新たなる個の生産、諸生体間の〈食‐被食〉の関係、共有化と他（私）有化のエロス的な関係が問われる。この宿命的とも言える生命の生命性は、人がこの世に生を受け先人の社会的庇護から離れ始めるいわゆる自我の目覚めのとき我身に蒙る最大のインパクトとなり、この世の苦悩や不条理、自己、人間、社会のすべての矛盾を象徴する生の根源的な意味をはらんでくる。生の哲学は、こうして生成してくる。

この世の多くの矛盾やアイロニーに対して、たとえば宗教的弁明や合理化および対面の間接化（疎隔化）による弁明が可能としても、そこには自己を偽ることのできない対他的自同者への共感や情動および理性がある。日常生活の中で、このような生命の宿命的とも言える生命性を、不条理ととらえるか、神の摂理とみなすかは、その了解がいずれ思想的なハビィティスに依存するとしても、本源的には矛盾であることには変わりがない。かかる矛盾に一体意味があるのか。人間を中心としたこの生世界をいかに解釈しあるいは了解すべきであるか。まさにこれは哲学の最重要課題としてある。

3　唯物的空なる生世界

ヨーロッパ哲学史上において、生命および生の哲学の先蹤としてベルグソン、ショーペンハウエル、ニーチェたちによる哲学が挙げられる。なかでも科学によって見失われた生命力を直接生命の、連続し持続する多様多岐にわたる多次元的な在り様として洞察したのは、ベルグソンであった。

ベルグソンの生命の哲学とは、端的に言えば、時間を空間化してとらえる〈表面的自我〉に対し、時間を〈持続する意識〉としてとらえる〈根底的な自我〉を立て、その全人格的な自由な行為を通して、自己の内面や奥底に溶解し相互浸透する多様な、実在的にして具体的かつ異質的な〈純粋持続〉を直観するという、知覚体験に基づいた実存主義的な生の形而上学であった[11]。次元的には、准 - 三次元的な科学的進化論と超次元的なキリスト教の「間」にあり、高次元的かつ准 - 三次元的な観点から〈生の躍動：エラン・ヴィタール〉する〈創造的進化〉を説き、他方超次元的な観点から〈愛の躍動：エラン・ダムール〉なる宇宙進化の思想を開示するものである[12]。なお生命が〈創造進化〉の、植物的生命、本能的生命、理性的生命へと、異質な分岐性を示しつつ飛躍発展していくとする彼の進化説は、前述のアリストテレス以来のギリシャ - ヨーロッパ思想伝統の、存在の段階説や秩序説の思想に沿うものであった。

改めてベルグソンの主要な哲学的方法すなわち〈根底的自我〉による哲学的直観について詳述するならば、それは、対象の生命性（生命の底）に没我的に入り込み、自我の根底にその表現しえない〈純粋持続〉と合一し「共感」することを本旨とする。してそこでは持続の物質的流れに対応する

〈純粋知覚〉と、精神的流れに対応する、自動的に自己を保存し未来への創造を持続的に含む実存的な〈純粋記憶〉の役割が重視される。西田は、このようなベルグソンの〈純粋持続〉を、客観界を構成する意志的統一作用とみなすとともに、そこでの真の主観的な、すなわち自己の記憶、思惟、自由意志の実存的なはたらきを重視した。すなわち「記憶によって我々は個人の根底から働くことができ、思惟によって我々は客観界の根底から働くことができ、意志によって我々は客観界を超越して、創造的進化すなわち純粋持続そのものとなるのである[13]」と。彼は、記憶をベルグソンとともに過去の経験内容を対象化し未来を創造する作用であるとみなし、同時に過去を現在化しかつ時間を超越する意識作用であるとしてより積極的にとらえた[14]。さらに西田は、ベルグソンが非連続な面を意志的かつ実存的に理解しなかった点を批判し、「真の純粋持続は、一面において無限の発展たるとともに、一面において「永久の今」でなければならない[15]」とした。すなわち彼は、高次元的生命の、〈純粋持続〉の連続性における非連続性を、ベルグソンが惰性（知性的三次元化）としてとらえたのに対し、無限的かつ実存的にとらえ、無の限定のない彼の哲学を批判したのである[16]。

問題はしかし、たんに非連続性をどうとらえるかではなく、いかなる生世界を描写するかにある。その点ではベルグソンの生の哲学も西田の絶対無の哲学も大きくは異ならない。いずれもタナトスやエロスに潜む情動的高次元的な生命性の希薄な、超次元的神的世界へ躍進する生世界を描いたにすぎない。とりわけ汎神論的な西田哲学による描写は、ベルグソンの生の哲学や現象学に見られた高次元的な持続の唯物的生命性や現象の即物的志向性さえも不可視化する、まさに観念的な生世界でしかなかった。西田には仏教的な因縁因果の情動的な生命世界に対する理解があったが、それは唯物生命的な観点からではなく、唯心的かつ観念的な観点から開示おそらくは啓示された「善の世界」（「アガペの愛」）であった。彼の生を意志する生世界は、何よりも純愛と道徳の観念的な神的世界であり、したがって自然生得的な身体的欲求（フォイエルバッハ）や盲目の意志（ショーペンハウエル）さらには権力への意志（ニーチェ）による生世界とは、全く触れ合うことがなかった。

西田は後に、意志とは物自体ではなく、行為的・表現的として弁証法的で無の限定すなわち合理的なものを包む場所的限定に及ぶ、歴史的事物であるともみなした[17]が、しかしそんな身体的行為表現としての意志も、〈真の私〉による人格的統一により、絶対的に非合理的なものを合理化する能力であるととらえた。一貫して彼は、因果関係の極限としての絶対無の自由意志から離れず、以上の非合理の合理化は生の非連続面に作用する無の限定として飛躍的な統一を促し、〈真の私〉は不生不滅にして絶対自由なる永遠の生命に触れ、無なるものの限定として無限の生成となるとした[18]。なおこの西田の絶対自由なる境地は、〈エラン・ダムール〉や〈無の涅槃〉および〈永劫回帰〉に極まる、ベルグソンやショーペンハウエルさらにはニーチェの境地とも通じる、まさに意志を超えた世界である。この点に限って言えば、いずれもプラトン以来の彼岸主義的な生の形而上学の伝統の下にあり、四者とも大きな違いがない。とはいえディオニュソス的生なる唯物的生命の生命性を根源的で本質的なものとして全面肯定的かつ積極的にとらえ、生の豊饒性を実存的に称揚したニーチェの生の哲学は、異質であった。

ニーチェの哲学について、その全体的な「特性」や「評価」についてはすでに（二章2節で）述べたが、ここでは生の哲学という面から再び取り上げたい。彼の生きんとする意志の特異性は、絶対的自由意志が絶対的善を行使しうるかのようなアプリオリな自由意志による道徳的価値づけと無縁であった点にある。重要なのは、生や習俗の利益に従順であるためにのみ、またその尊崇においてのみ「善き行為」が称揚されることであり、人々に道徳的責務の感性を植え付けるための絶対的にアプリオリで自由な意志という神話を虚構することではなかった。ただしそれは、生の必然に奉仕する弱小なる意志ではなく、生の必然と合体しその要求を先取りし、必然の主となってはたらく、強大なる創造の意志にして必然に即して自由を生きる高貴な〈権力への意志〉、すなわち「より以上の、より強い生」を目指す力の蓄積の意欲であり、また新しい価値を目指す意志でもあった。したがってそこでは、弱者の奴隷道徳を聖化するキリスト教的な禁欲道徳や怨恨感情（ルサンチマン）に基づく道徳とは異なった、〈価値の価値転換〉を目指す超人の「道徳」が称揚された。

ニーチェの意志論には、ショーペンハウエルやフォイエルバッハあるいはサルトルの唯物的にしてリアルな欲求・意欲・意志論にさえ潜む完全指向や神の意志すなわちキリスト教的陰影の一切を否定するほどのインパクトをもっていた。事実、このような彼の強力な、まさに生きんとする個の意志がすべての生命あるものの根源にあるという把捉は、何よりも「我は我である」とする自我の確信の基盤を形成している、と言えるであろう。とはいえこのような確信も、その生成の極限においては「我は我にあらず」の、もう一つの生の必然的な面へと展開（転回）する。たとえばニーチェを強力な自我の形而上学として批判したハイデッガーによる、いわゆる存在者から存在への転回のごとく、また自力から他力へなどと多くの哲学者や宗教者がそうであったように、ニーチェもまた、「瞬間」において万物とともに我々は無限に回帰するという〈永劫回帰〉なる世界に舞い降りた。この世界は「生成の世界の存在の世界への極限的近接」[19]なる世界であり、そこでは個としての我を超えた、まさに「運命愛」により決断し生きることが目指される、存在と生成の織り成す唯物的空なる極限の生世界が展開する。

西田が連続の非連続なる瞬間において〈永遠の生命〉の成就することを説いたように、ニーチェもまた生成の永遠化なる回帰が、「永遠の現在」としての現在のこの瞬間において成就すると説いた。西田は、このようなニーチェの〈永劫回帰〉の思想に対し、生命を繰り返すという生命肯定の偉大なる意志の発現と称揚しつつも、他方反対にそれは生命の行き詰まりを示唆するものだとして批判した[20]。要するに個の生命は絶対無により超えられるべきとの判断がそこにある。しかしそれは自我の徹底的消去を絶対無により保証し要請するものであり、結局絶対的神的歴史性への脱自的帰趨を説くことになる。そのような「我にあらず」の強意はニーチェの「誇張」をいくらか破砕するものの、「我は我にして」の自我的確信をも反故にし、生命自体の価値や意義それ自体を抹消してしまう。ニーチェの〈永劫回帰〉とは、西田の連続の非連続において認められる、瞬間にして永遠なる世界と通底するが、それは「生命の行き詰まり」ではなく生の豊饒性および超越性である。すなわち西田の個の生の絶対否定性を前提とした自己同一的な観念的生命観とは異なり、〈同一的なもの〉のサイクルならぬ、肯定的な生のみを思想および〈存在〉として選択していく「運動」である[21]。そこには、時間を〈天地創造〉から〈最後の審判〉に限定し、天国への福音（苦悩からの解放）を説いたキリスト教や、霊魂が業（行い）に従い地獄・餓鬼・畜生・修羅・人間・天上などを巡るいわゆる輪廻転生の世界からの解脱を説いた古代インド思想などの超次元的な世界観とも異なる、唯物的空なる生世界の高次元的な、すなわち無 - 宗教のメシア的宗教性の世界観が窺える。

唯物的空なる生世界は、極限的かつ刹那的な、すなわち宗教的したがって私的かつ超次元的世界と接する高次元的な世界でもあるが、ベースはあくまでも「世界‐内‐存在」としての現存在（人間）がこの生活環境世界においてある。ニーチェの形而上学的意志論を批判したハイデッガーの存在論には、その点の配慮があった。彼は、フッサールの考えた意識の本質である志向性を、世界‐のなかに‐ある現存在（人間存在）が、物や人に気を配り、生きる関心ととらえた。そこでの現存在の在り方は、前述したように物や人に関わる「配慮」であり「顧慮」であり、総じて生活環境世界のなかでの「憂慮」であるが、そんな世界に被投され住まう現存在は、同時に自己の存在可能に向って投企する自由な存在ともなる。ハイデッガーによってフッサールの構成的な現象学が解釈学的な現象学となり、〈世界‐内‐存在〉の了解に基づく実存主義的存在論が生成した。彼は生世界を、人間を中心に物質と精神、被投と投企の、あるいは不自由と自由の両義的な面から基礎付けようとした、とも言えようか。人間存在とはすなわち、常に周囲の世界のなかで他者に気を配り心煩わしつつ、自らの手で以てあるいは手元にある道具で以て交流する〈工作人〉であり、同時にそのような物象的世界の日常の平均的時間に支配された人達が〈死への存在〉であるがゆえに世界や人間の不安すなわち実存が無に差し向けられていることへの不安に気づかされ、決意的に未来をすなわち脱自的時間において真の〈良心〉に基づき未来の生を生きる存在でもある。なお真の自己に転回した内‐存在に映現する世界は、もまた神々が彷徨する不徹底ではあるが、無宗教の宗教性の世界でもあった。

問題は、彼の〈工作人〉であると同時に脱自的時間（永遠なるとき）に生きる、そのような自己をも包み広がる生世界とは、余りにも抽象的で観念的であること。そもそも彼の言う〈工作人〉には、労働への配慮が見られるが、労働者ゆえの社会的桎梏に伴う対社会的不安や矛盾意識に対する配慮も了解もなく、彼の称揚する〈真の自己〉も抽象的な形而上学的な存在にすぎなかった。フッサールの

〈純粋意識〉を超える「ノエマによる存在の開口」がハイデッガーによって示されたが、そこではただ、開口の〈世界‐内‐存在〉において〈純粋意識〉の「純粋培養」された世界（環境）や存在の在り方が問われただけで、唯物的被規定的な現存在としての自覚は希薄であった[22]。結果ニーチェとともに、ナチス民族主義精神に「同化」することにもなった。同様のことは、ハイデッガーの存在論に対し「了解の自己限定的事実を見ていくにすぎない[23]」と批判した西田にも見られた。いわゆる皇国史観への帰趨。いずれの哲学および生世界も、結局超歴史的〈憑在論[24]〉の強度の前に挫折するほかなかった、のである。

ハイデッガーの「世界‐内‐存在」に欠如していたもの、それは「内‐存在」が身体的存在であるという自覚である。ちなみに「世界‐内‐身体的存在」論としては、メルロ・ポンティの、知覚をアプリオリなものとして見据え、〈世界‐内‐存在〉を対自と即自とを接合する両義的な身体[25]および血縁性・再帰性を示す「肉」の概念によりとらえた世界観や、前述のベルグソンの、知覚を身体の可能的行動のための「蝶番」とみなし、〈純粋知覚〉と〈純粋記憶〉に基づいた内‐身体的存在による、外部の物質的世界と内部の精神的世界の両義的な〈持続〉する世界観は参照となる。それぞれ時間と空間の高次元的な身体的生世界を見事に描写した。しかし惜しむらくはいずれも唯物的自覚が希薄であったため、いまだ西洋形而上学的存在論の陰影が漂っており、観念的でもあった。

ドゥルーズは、ベルグソンによって解釈された生命の哲学からとりわけ形而上学的神話の部分を削ぎ落とし、〈持続――創造的進化〉を〈生成する異質性〉をもつリゾーム（網状組織）のごとき外部の現象としておよび多様な速度と強度をもった機械的な過程としてとらえ、高次元的な生命性を唯物的世界へ転写し拡大解釈した。生命哲学の、唯物的自覚に基づいたラジカルな解釈であり批判的継承である。ドゥルーズ・ガタリによる欲望および生命機械的な准‐三（高）次元的な世界観は、強度ゼロなる生産と反生産の土台でもある〈器官なき身体〉を基点とし、ベルグソンの〈純粋持続〉の流れを物象的流れとして、社会歴史的世界から再照射するものであった[26]。ただし生命の持続説にせよ機械的リゾーム説にせよ、高次元的な観点や時間性が導入されていたが、両者のパースペクティヴともおおむね客観的俯瞰説にとどまり、後者の機械論は、前者においてなおも可能であった、高次の交感的な生命性の情動的な展開を希薄化し抑圧してしまい、致命的な限界をはらむことになった。いずれにしても両者の名指す身体とは、「現存在」とは疎遠な、准‐三（高）次元的世界における客観的な身体でしかなく、「現存在」としての認識主観たる自己の身体的、社会的かつ倫理的な意識は不問のままであった。

　なお「現存在」の認識主観における身体的かつ社会的意識を踏まえた物象的な生世界論としては、廣松渉の事的世界観が重要である。廣松は、「存在の開口」をフッサールの志向的意識そのものの、間主観的・非媒介的規定性（言語、歴史、文化）を受けた記号的与件に対する、それ以上の意味としての〈意味的所知〉と、私即一般人としての〈能知的主観〉を明らかにすることで、横超的かつ構造主義的に解釈した[27]。それは、内‐身体的存在としての認識主観の様態および総体を明らかにする、画期的で卓越した観点および洞察であった。とはいえそれも唯物的すなわち「自己意識とは社会的意識である」（マルクス）という被規定的自覚に依拠するにとどまり、内‐身体的存在によって開示された世界の内実は、いまだ概観的で精彩を欠いていた。

内‐身体的存在の生世界を新たな局面から切り開いたのはフーコーであった。現存在の身体に張りめぐらされた近代社会のミクロ権力的網目に対する、彼の緻密な言説および構造分析は、政治・司法はもとより医療・医学、学校教育・教育学など社会生活や社会制度および時代のエピステーメ全般に及んだ。彼にとっての「世界」とは、現象学的かつ実存主義的な純粋な全体性を秘めた観念的なものではなく、唯物的、社会制度的、歴史時代的かつまた言説的に複相化され「内‐身体的存在」によって開示された、何よりも諸権力の錯綜する社会や国家としての生世界であった。なおそこでは、社会的共有化の「絆」でもある言語は、たんなる「存在の住家」（ハイデッガー）ではなく、「存在の秩序の創設」となり、物の認識とではなく人間の自由と結びつく。フーコーは、カント同様「物の秩序」は、人間の思考によって初めて可能になるものであり、〈物自体〉の認識が不可能としても、「思考の秩序」は〈歴史的アプリオリ〉なる条件の下では物と一致する、という認識は可能であるとみなした。

ところで論考を先送りにしてきた、唯物的空なる生世界における生命の固有性、自動性、連続性なる次元的な生成や作用の、その力と存在の根源的単位およびエレメントも、〈歴史的アプリオリ〉なる条件の下時代のエピステーメにより規定される。ちなみに一九世紀以降の近代社会にあっては、物と観念の秩序を同一的にとらえるようなモナドのごとき類似概念は破綻せざるをえなかった。というのもモナドという形而上学的概念は、中世から近世に至る、人間および個物というミクロコスモスと、宇宙世界というマクロコスモスが神により調和し合うというルネッサンス的世界観によるものであり、当時の類似と物の自己同一性を基調とした知の条件や「言説」の〈歴史的アプリオリ〉の下で成立したにすぎない[28]。しかるに同一性と差異性さらには生命の有限的な固有性を基調とした近代の科学的知や言説の下では、そのような「調和」概念は破綻せざるをえず、少なくとも近代科学的思考の下では、プネウマやモナドのような生命の根源的単位は破棄され、アトム的唯物概念のみが継承された。……だがそのような科学的な知や言説自体の限界が露呈した現代、唯物的空なる根源的かつ次元的な「モノ」の新たな様態が問われている。

なおかかる新たな「モノ」の創出のためには、世界を分節し認識し表現し形成し演出する媒体たる言葉、記号、文字、音素（韻）など、多様な層的相貌をもち「存在の秩序を創設する」、すなわち自らがその象徴でありかつそのための場ともなる言語の思想からのアプローチが必須となる。

4　言語の思想から

一九世紀から二〇世紀にかけて、G・フレーゲおよびクルテネ&ソシュール以来言語哲学や言語学および記号学など、言語の学的研究に専念する多くの学者が出現し、論理実証主義的な科学思想運動が形成された。その影響は世界各国に及び、それは当時ヨーロッパのアカデミーを支配していたヘーゲルの観念的弁証法の哲学に対する、思想的なアンチテーゼともなった。ちなみに言語哲学の端緒となったフレーゲの言語研究にあっては、直接言語の意味する「思想」それ自体の論理的かつ科学的解明が最重要課題とされた。またソシュール言語学の思想的な課題は、人類言語のすべての顕現を通して言語を記述し歴史を編むこと、さらにはあらゆる言語の一般法則をひき出し、言語学の範囲を定め自らを定義することにあった[29]。いずれも観念論的な哲学を打破するインパクトを有していたが、しかし当初より両者とも「限界」や「偏見」を抱えていた。

以上の点を念頭に置き、先ずはフレーゲの言語思想および彼に端を発した言語哲学的な思想運動について、系譜学的観点から考察していくことにする。

フレーゲの画期性は、何よりも言語の意味を文脈において問い、言表された思想（概念、思考内容、……）を「通時的に伝達可能な共有財」として独立に存在するとみなし、「思想は、思考する者によって把握されることなしに、真でありうる」[30]ととらえた点にあった。さらに彼は、フッサールの「意識」に対すると同様、「言語」の意味と意義を区別し、言表についての信念を問うなど、先駆的な意味論的分析も行った。要は、言語を生得的な観念や精神の下でのみとらえる形而上学的な言説から、それを唯物形式的にとらえる論理学的な言説へと転回させた、と言えるであろう。それは日常（自然）言語から人工言語を抽出設計し、概念、思想、推論の形成を行うという、すなわち数理的な形式と論理に基づき世界の本質を記述するといった、論理学の新たな展開をも意味した[31]。

フーコーは、このようなフレーゲの言表文の成立条件（真偽など）を形式論理的にのみ問い解釈するスタンス[32]に対し、「言説」およびその基本単位としての「言表」の成り立つ社会的意味を問うべきと考えた。すなわちそもそも「言表」とは、社会・歴史的諸条件の相関項の下で自らの機能[33]によって存在を与えられた、前および二次言語的な諸エレメント「記号」であり、この出来事としての言表群が戦略的な力の関係に媒介されることで、戦略的エコノミーを配する「言説」が編成され生産される。そして生産された合理的規範的な真理への言説により、性、政治、主体、学問、科学、教育（学校）、医療（病院）など社会全般に対するあるいはおける禁止、排除、管理、統制、制限などの諸システムが働き、主体の身体が侵犯されあるいは矯正されていく[34]。

言語の学問・思想とはいえ、言説空間を遮断した狭い論理形式学的領域からの脱却が求められる。

事実フッサールの現象学が後に生活世界へ接近していくと同様に、フレーゲの論理学的言語思想もまた、せめて真理条件が問われる言語からの脱出、すなわち日常（自然）言語への新たなアプローチが、重要な課題となっていく。フーコーの唯物的社会的自覚に基づいた言説からは程遠いが、後期ウィトゲンシュタインの「言語ゲーム論」およびK・デイヴィトソンの「全体論」や「言語非存在論」[35]などによるコミュニケーション中心の理論は、そのような現象学的「反省」の下で言語哲学の新たな地平を切り開くものであった。ただしデイヴィトソンの、自らが思想、命題自体にコミットすることに懐疑的な言語哲学にあっては、かえって日常のコミュニケーションに内在し作用する思想性を予め純粋培養的に限定し狭め、言語に刻印された思想性すなわち思想や観念における言語の社会的意味や意義を排除することになる。その点ではウィトゲンシュタインの言説は日常の生活世界の事象全体に真摯に向き合うものであり、いくらかは開放的であった。

ウィトゲンシュタインの言語哲学の画期性は、彼の前期から後期に至る思想全般を通して、すなわち前期『論理哲学論考』では、世界や言語を事実および命題の総体とみなし、その論理像や有意味性を以て思想的に理解した点に、他方後期では、「言語ゲーム論」において外的基準を必要としない「私的言語」を否定し、知の確実性の根拠を対他信念に基礎づけた点に見られる。ただ前期では、もっぱらフレーゲやラッセル由来の論理実証主義的な観点から言語を問い、世界を自然科学の支配する論理的実在的な世界としてのみとらえ、言語分析では世界の全実在の写像としてその論理的な構造や文法および構文が重視された。そこでは論理的な真偽が問題となったが、しかし論理的空間を絶対的なものとしてではなく、真偽はあくまでも真なる命題の総体すなわち諸事態の存立している現実態と、諸事態の存立していない「偽」なる命題の総体すなわち可能的事態としてとらえた。これはフレーゲの「偽なる思想は、〝存在しない思想〟ではない。……欠くことのできないものとして認められなければならない(36)」という考えの継承でもあるが、ウィトゲンシュタインはそれをたんなる論理的な命題としてではなく、世界の「在り様」として認容し示したのである。では彼の言う「可能的事態」なる世界とはいかなる世界か。直接的な言及はないが、それは言語や論理による思考の及ばない、〈語り得ず、示されるもの〉の価値的、倫理的、宗教的な世界とも重なるものと推察される。

後期ウィトゲンシュタインの『哲学的探究』においては、前期での論理実証主義的な観点から距離がとられ（要素命題の撤回など）、言語に関しては論理主義的なアプリオリな観点からではなく、現象学的および経験主義的なアポステリオリな観点からのアプローチが中心となっていく。言葉の理解を生の形式に基礎づけられた多種多様な〈言語ゲーム〉という発想の下でとらえ、検証不可能な信念の確かさを根拠にした知の基礎づけを重視した。このような言語に対する態度変更により、彼は論理的知に基づいたいわゆる科学的言語ではなく，〈言語ゲーム〉を促す日常的な自然言語を重視し、また従来語り得ないとされた価値的、倫理的、芸術的および宗教的世界を、科学的言語によって語り得ぬとしても、詩的言語や信仰によって表現されうるとみなすようになった。

ウィトゲンシュタインの言語哲学は一見斬新なものであったが、しかしたとえば彼の現実態と可能態の言説は、淵源を辿ればアリストテレスのそれぞれが形相と質料に結びつく生成・運動の原理の二元様相論に、またその世界了解はライプニッツのモナド的世界論に、さらに言えばカントの直観的悟性的世界と〈物自体〉としての理性的かつ実践的および理念的叡智的世界の観念にも、つまり神的ギリシャ‐ヨーロッパ形而上学的世界観の伝統を継承するものであった。それゆえ彼の「可能的世界〈事態〉」論は、言語ゲーム論やコミュニケーション論、また詩的言語を軸とした芸術論や隠喩・虚構論などの、非論理実証的な観点を軸とした言語哲学の新たな展開のなかで、ライプニッツ由来の、内包的文脈に基づく意味の解釈による様相論理学さらには「可能世界意味論」[37]などへと受け継がれていくことになった。問題は、そのような論理学的な観念が、社会的な他者性や身体性に根差したどこまでも〈語り得る〉「公‐共」的な理論や世界の形成ではなく、新たな論理的にして価値的な真理の超次元的な世界へと結びついていくことで、たとえば現代宇宙論における超次元的言説をも生み出していくところにある。[38]

ところで言語哲学が論理的形式主義から解（開）放されていく傾向が、ロシア・フォルマリズムやソシュールに端を発する言語を記号的観点から分析し解釈していく言語学の流れのなかにおいても見られた。その主流が、言語記号の形式論理的な論考から生活世界の自然言語・詩的言語やメタファ・メタ言語の役割を重視する論考へのシフトである。バフチンは、記号学に見られる主体や場の捨象された形式的な還元的理論を批判し、人的交流は多言語使用による記号の相互作用を通して規定されると考え、言語をコミュニケーションにおいてとらえた。さらに彼は世界を「コミュニケーションの総体」とみなし、自然言語とその上に形作られるイデオロギー、シンボル、モードなどの第二次モデル形成体系を構想し、他方身体的かつ無意識的な内言語論において対話性を重視し、潜在的な「社会的聞き手」を仮定した固有の文法を想定し、非公式のイデオロギーと結びつく実存や新しい言語の創造を喚起した。なおこのような言語思想の流れは、世界におけるあらゆる言表を読み取り了解していくというコンテクスト理論や多様な言葉の織物としてのテクスト理論などとも結びつき、社会的な対話中心の言語理論および哲学思想を産み出していった。

一方ソシュールの形式主義的な言語分析からの構造主義的社会論への流れも重要である。そもそも彼は『言語学原論』の中で、言語を言語活動の社会的な一部分としてとらえ、さらに、それは「言（パロール）の運用によって、同一社会に属する話し手たちの頭の中に貯蔵された財宝であり、……個人の脳髄のうちに陰在的に存する体系」（二四頁）すなわちかかる「観念を表現する記号の体系である」（二七頁）と述べている。なお言は個人的な意志や有意的発声行為に由来し、他者に理解されるために言語を必要とするが、他方言語が成立するためには、言を必要とする。また言語が記号の体系である点については、言語の最小単位としての能記（シニファン）と所記（シニフェ）との結合である記号が存在し、その性質たるや恣意的にして時空的線状性を示し、ゆえに言語は示差性と恣意性を以て、差異と同一性の関係としてのみ機能的に成立する（一五九頁参照）、また「言語とは、言連鎖の中で……ある概念の能記であるところの、音響の一切片である」（一三八頁）と、まさに唯物的空なる重層的なモノのごとく述べている。このような彼の言語思想は実体概念を否定し、伝統の神的ヨーロッパ形而上学を根底から揺さぶるものであった。なお示差的記号としての「音響の一切片」は、ヤコブソンにより還元不可能なミクロ的説明原理：音素となり音韻論が確立され、後にそれがレヴィ＝ストロースにより現象学的かつ「無意識的なものの意識化」なる構造主義的方法に適用され、民族や社会の構造や体系を分析する文化人類学の形成に結びついていった。

デリダは、以上の一連のパロール（言）中心の形式主義的かつ構造主義的な思想に対して、一定評価しつつもラジカルな批判を加えた、先ずはソシュールのようなタイプの記号論に対し、彼は、能記と所記の不離不即の関係の表明や記号機能の差異性や形式性なる性格の強調も行い、さらには所記的内容と「表現の実質」とを同時に非‐実体化したとして評価する一方で、なおも能記と所記との厳密な区別を維持し、「超越（論）的所記」の可能性を開くとともに、パロールを特別扱いすることにより能記という外面性を切り捨て、文字（エクリチュール）を消去し貶めるというネガティヴな結果をもたらした、として批判する。[39] さらにデリダは恣意性が多産性や豊饒性ではなく一種の序列化的目的論へと向かうそのような音声中心の言語学の思想性に対し、それはギリシャ字母を原型とする音節的表音文字体系と「初めに言葉（ロゴス）ありき」のヨーロッパ‐キリスト教文明に支配されたものとして批判した。[40] また、ゆえになおも形而上学を内包する構造主義に対しては、構造とは、形式と関係との布置、さらに連繫性や全体性すなわち「力の退いていったあとの全体性」であり、[41]「構造主義的意識は、過去にかかわる思考としての意識であり、事象一般にかかわる意識なのだ。成就されたもの、構成されたもの、建てられたもの、の反省なのだ[42]」と批判し、同時にそこに主体の「力」の及びうる構造主義自らがはらみ自らの意図を裏切ることになる〈超‐構造主義化〉の契機を看破した。

なおこの場合「力」とは、現象学と神秘学との共犯によって思考されるものではなく、言語との同伴者かつその差異の差異化、またディオニュソスの躍動かつそのアポロン的構造との間の差異の差異化の力および運動とみなされる。デリダは「差異」とはそもそも、自民族中心的な音声的差異のみならず、表意作用の全過程を種々の差異の形態的機能（動的で生産的：差延）と見るべきとし、記号学から文字学（グロマトロジー）への転換を主張した。そこでは民族中心のためでしかない〈音声的文字のモデル〉の特別扱いが止められ、一切の記号過程が差延の運動として、諸差異の、諸痕跡の、形式的戯れとみなされ、新しい書字（エクリチュール）概念《グラム：差延》が生みだされ、総合および差し向けなる連鎖関係《織物・テクスト》が重視される。さらに彼はかかるテクスト性についての

「学問」でもあるグロマトロジーにおいて、記号概念を変形しその表現主義を奪取し非‐表現的「記号学」とし、古典的諸表記法の全面的な内的変形、数学的表記法の効果的発達および意義作用の脱構築などを唱え、学問を書き込みその境界を画定し同時に緩める、そのような実践的な営みを称揚した(43)。「現前性の展開の一線状の図式」および超越（論）的所記なる形而上学的な歴史の権威および概念に対するその転倒と「隔たり」の標記、脱構築。そんな転倒、位置ずらし、踏み越えの脱構築の過程において、唯物論的かつ唯物的空なるテクストとの出会いおよび出会いの「場」の解釈が要請される。ちなみに事物の生成する当該の場であるコーラ（ギリシャ語：場）のデリダによる解釈は、それは「世界の起源を痕跡（trace）として、すなわち、母胎、受容者のなかへの形の書き込み、図式の書きこみとして定義すること」に導くものであり、……すべての存在者の現前は「根源的な書きこみ（原エクリチュールの）運動を前提にしており(44)、かかる運動が差異化、差延の運動となり、決定不可能性、予見不可能性、根源的偶然性とともに、反復可能性、引用可能性、意味の変容可能性の下で、線引き、書きこみ、刻印により痕跡として残り言語一般の可能性の条件となっていく。要するに意味とその根源を差異の中に定立する、還元不可能な痕跡の問題性の場ということ。ちなみに痕跡とは「記憶」の原＝現象であり、「最初の外面性一般の開始」、〈生きているもの〉とその他者との内部と外部との謎的関係、つまり〈間‐化(45)〉である。デリダの哲学は、言語中心の形式論理的な世界を、まさに唯物的空なる生世界へと導いていく。すなわち宗教的、芸術的、倫理的かつ政治的脱構築に基づき、すべての領域に及ぶ原エクリチュールにおける原‐暴力性を踏まえ、「砂漠のメシアニズム」や善悪の彼岸の黙示録の黙示録、メシア的希望による「絶対的歓待」という、超越論的にして実体なきコーラの再‐構築へと。なお唯物的空なる「場」と根源的な「モノ」に匹敵する、痕跡や原エクリチュールは、テクストの作品性や作者性につきまとう権威をも破砕するであろう。

思想や思考は言語によって表現される。であるならば言語の分析は、論理や思考の分析にもなる。この言語をベースにした論理学は、アリストテレスのいわゆる名辞論理学を以て始まる。後にそれは、フレーゲやウィトゲンシュタイン達による数理および命題論理学の誕生によりマイナー化されるが、論理や思想を言語の構造から考えるという発想は、今日の論理学や言語哲学および概念論などにおいても、重要なモーメントとなっている。ちなみに名辞論理学の限界は、言語論的発想にではなく、言表文のすべてを「AはBである」という、主語と述語の単純な判断形式に還元させ考えた点にある。そこでは文の多様性が捨象されるだけでなく、「ある」というそのときに生じる命題すなわち言説化も、その「縫い目」としての述語動詞の機能も問われない。それはただ、主語と述語を、個物とカテゴリーの概念により系としてとらえ、たとえば「人間は動物である」といった種と類および特殊と普遍の関係に対応させ考えるだけであった。それでも述語とならないような主語としての個物に依拠するアリストテレスのいわゆる主語的論理による〈質料と形相〉の思想が、古代自然哲学の万物根源説と結びつき、現代の原子物理学や分子生物学および医科学などの科学発展の思想的背景となり発想の土台ともなった。

問題はむしろ、デリダも指摘するプラトン由来の神すなわち音声・ロゴス中心の弁証法的世界観にあった。すなわちアリストテレスの個物たる主語とは予め〈不動の動者（神）〉によって促されたもの。ゆえに彼の主語的論理は、主語にして質料たる個物が、後にライプニッツにより、神によって予定調和された、単一的自動性なる観念的な無数の個物（モナド）となったように、当初より「個物たるや神なり」の述語的論理にもなりうる代物でもあった、ということ。西田の、アリストテレスの主語的論理に対置させた〈絶対無（神）〉に極まる述語的論理はそのストレートな表現であり、いずれにしても主語（辞）と述語（辞）、普遍と特殊の関係は交換可能性においてあり、ただどのように「ある」か、という場（辞）などのカテゴリーによって規定され言説化されうるにすぎない。

なお西田は、ライプニッツの主語（個物）である不生不滅の表象する〈窓なきモナド〉を、一定の場のなかで自らが働き表現しかつ相互に働き物を作るという、実在論的にして弁証法的な〈創造的モナド〉として改釈し(46)、「場所」の論理を組み込ませた斬新的な発想に及んだ。しかし彼の唯物的自覚の希薄な場の論理は、言語が身体に刻印され、唯物的自動なるエクリチュールによって自己意識が生成されるといった唯物的および唯物的空なる観点に及ばず、チョムスキーの無限の「生成文法」を創出する、言語自体の普遍性（「普遍文法」）に基づく「文法的変形」を不可能にしてしまうであろう(47)。

次章では空的還元過程において脱構築された諸言語の、変換、翻訳、改釈、変形を通して、モナドでもアトムでもない、新しい概念を有する、すなわち言語自らがその象徴であり場でもある、唯物的空なる次元的かつ根源的なモノについて明らかにしたい。

〈注〉

1 『働くものから見るものへ』一六～七頁参照。
2 右同書、二二頁。
3 右同書、二〇〇頁。
4 『無の自覚的限定』三〇七～一八頁参照。

5 『存在と無（1）』六七～八八頁参照。

6 右同書、一〇八頁。

7 この点についてサルトルは分かり易く、あらぬという仕方で自己自身の将来あるいは過去であるという意識が不安である、と述べている（右同書、一二三頁参照）。

8 拙書『医の哲学の世界史』三五頁参照。

9 八正道とは、ブッダが苦悩を克服する手段方法として説いた〈道諦〉すなわち大悟への八つの実践的方法――正見、正思、正語、正業、正命、正精進、正念、正定――のことを言う。現代的な意味からすると、それらは正しい見解、信仰、思惟、言葉、行為、生活、憶念や瞑想などに相当するであろうか。問題は、いずれの方法の修飾語となっている「正しい」という言葉の意味が抽象的で、仮に欲情と苦行の両極端に陥らない「中道」を踏まえるとしても、社会的人間の実践としては余りにも具体性に欠ける言葉と言わざるをえない。もちろんそこには時代的制約に対する配慮は必要であるが、であるとすればなおさら後の仏教者達は批判的継承者としての面目をその社会的展開において発揮すべきであったろうと思われる。

10 詳しくは、主として『空的還元』一六二～三頁参照。

11 右同書、一二九～三四頁参照。

12 ベルグソンは、『時間と自由』のなかで、〈持続〉には、質的変化の継起、相互浸透、純粋な異質性を示す、混合物のまったくない純粋なもの（純粋持続）と、空間の観念が秘かに介入しているものがあるとし（一二二～六頁参照）、すでに〈持続〉自体に高次元的かつ准‐三次元的契機がはらまれているものと了解していた。しかし『道徳と宗教の二源泉』では、「完全なる神秘主義とは偉大なキリスト教神秘家たちの神秘主義である」（二七七頁）「拡散した神秘的直観が世界中に伝播させる生活の単純さが、実際、歓喜であろう」（三八九頁）などと言い、超次元的な世界への飛躍を称揚した。

13 『自覚における直観と反省』二六九頁。

14 右同書、二六八頁参照。

15 同書、二七一頁。

16 『無の自覚的限定』三五六～四四二頁参照。

17 右同書、二七〇～一頁参照。

18 同書、三三五頁参照。

19 『権力への意志（下）』一四八頁。

20 『哲学論文集（Ⅲ）』五五頁参照。

21 『ニーチェ』六四～七〇頁参照。

22 詳しい批評は、『空的還元』六一～七頁参照。

23 『無の自覚的限定』一七九頁。

24 デリダは『マルクスの亡霊たち』（三七頁）のなかで、歴史の終焉のために演出された回（初回＝最終回）を憑在論と呼び、それは存在論や存在論的思惟よりも広く強力であり、終末論や目的論さえ含んでいる、と言っている。それは民族主義史観にも唯物主義史観にも相当するであろう。

25 メルロ・ポンティは、世界内存在を、〈心的なもの〉と〈生理的なもの〉との接合を実現可能とする前客観的視界とみなし、その媒質をかかる両義性を表現する〈身体〉においてとらえた（『知覚と現象学（Ⅰ）』一四四頁～一五三頁参照）。

26 『アンチ・オイディプス』一三一頁参照。

27 このスタンスは廣松渉のいわゆる〈四肢的二重構造〉の説に基づくものである。詳しい批評は『空的還元』六二～三頁参照。

28 フーコーは、『言葉と物』のなかで、「一六世紀末までの西欧文化においては、類似というものが知を構築する役割を演じてきた」（四二頁）とみなし、その思考形態として四種の相似（適合・競合・類比・共感）を以て示し、「物のもつ自己同一性、物が他の物に類似しそれに近づきうるものでありながら、他のものに呑みこまれてしまうことなくみずからの個体性をたもつという事実――それを保証しているものこそ、共感と反感とのたえざる均衡運動にほかならない」（四九頁）と述べている。なお「言説」については「言語記号によって表象された表象そのもの」（一一六頁）ととらえていた。

29 『言語学原論』一四頁参照。

30 『フレーゲ哲学論集』一三〇頁。

31 それは、文脈の原理に基づき記号言語の創出および概念、思想、推論の形成へと展開する概念記法によるもの。

32 事実、フレーゲ自ら「私が思想と呼ぶものは、およそ真理が問題となり得るものことである」(『フレーゲ哲学論集』一〇三頁)と言っている。

33 諸記号に働く言表機能としては、諸記号を一定の対象領域に関係づけ、その語りうる主体の位置を定め、さらにそれを使用し反復する言表空間の同一性を決定することなどが挙げられる。

34 たとえば『知への意志』(三九頁)において、フーコーは「大人たちは子供に、性についてのある種の言説を、合理的で制限された、規範的で真実の言説を強制した——一種の身体矯正法である」と述べている。

35 デイヴィットソンの言語学の特性は、おおむね「強いられている寛容」の原理、根源(元)的解釈、コミュニケーション論における事前・当座理論に基づいている(『デイヴィトソン』二・三章参照)。

36 『フレーゲ哲学論集』一三九頁。

37 様相論理学とは、「現実的に」「可能的に」「必然的に」といった言語表現についての論理に基づき、内包的文脈を外延的に扱う学問である。また「可能世界」については、形式的にはおおむね「真理が与えられる場」と解釈され、それは「必然的真理とはすべての可能世界における真理である」とするライプニッツの規定に従っている。

38 たとえば、D・ルイスの「可能主義的可能世界」観は、現代宇宙物理学の説く「パラレル・ワールド」や「分岐宇宙」観なる超次元的推論と同次元的解釈によるもの。

39 『ポジシオン』二九〜三七頁参照。

40 ソシュールは独自の一記号を以て表記されるような支那特有の表意文字体系についても取り上げているが、論理的見地からは、それは彼にはほとんど注目に値しなかった(『言語学原論』四〇〜一頁参照)。なおデリダは『根源の彼方に　グロマトロジーについて』の中で、「音声中心主義は、現前としての存在一般の意味についての歴史内的規定性と合致する」（三三頁）、「記号と神性とは、同じ所で同じ時に生まれた。記号の時代は、本質的に神学的である。それは、おそらくけっして終わらないだろう。しかしながら、その閉域はすでに素描されている」（三六頁）と述べている。

41 『エクリチュールと差異・上』九頁参照。

42 右同書、八頁。

43 『ポジシオン』三九～五三頁参照。

44 『デリダ』九六頁参照。

45 『根源の彼方に　グロマトロジーについて』一四二～三頁参照。

46 『哲学論文集（第Ⅲ）』七〇～九七頁参照。

47 『言語と精神』五二頁および七〇頁参照。

第四章　現代版：気の思想

「天地、気を合して万物自から生ずる」（王充：自然篇）――存在と生成を織り成す唯物的空なる生世界を形成する根源的な「モノ」、それはまさしく多次元的な日常言語によって指示される〈気〉にほかならない。現代的に変換、翻訳、改釈するならば、それは痕跡、音素、素粒子、さらには個物、遺伝子、細胞、生命体、人間、社会、心や精神、地球と、ありとあらゆるモノおよび場を無限重層的に形成し包括する、非固有にして固有なる多次元的なモノに匹敵する。そもそも気とは東北アジアという限‐域（場）に発する隠喩にして非隠喩なる思想的言語ではあるが、その概念は最大限外延的にして内包的であり、現代ではまさに東西思想を止揚しうる根源的な思想的エレメントとして、最大のインパクトを擁している。現代版：気の思想を形成することは、まさに世界史的な課題となる。

1　万物の根源と生成変化

西洋文明中心の、科学と宗教に支配された現代世界。その思想的淵源に、プラトンやアリストテレスによって記述され引用され、形而上学的に包括（総括）された、「ソクラテスの哲学以前」の古代ギリシャ思想がある。そこには現代思想の原形およびエレメントとなるような、万物の根源と生成変化についての論考や解釈が数多く見られる。その解釈や概念の形成は、主として世界内自然現象に対する直観的で素朴な原理的説明すなわち物活論的な自然哲学に拠っており、古代インドや中国の東洋思想とも類縁的であった。

先ずは古代ギリシャ思想の全体像を概観しておこう。今古代ギリシャ思想を「哲学」として一括するならば、その理解のために系譜学的な区分が有効となる。区分とは、おおまかには、端緒となったタレスに始まる前期自然哲学、後のピタゴラスの数理的宗教哲学およびクセノファネスより始まる有に基づいた論理哲学、さらには以上の諸哲学を総合的に体系化したエンペドクレスを以て始まる後期自然哲学ということになろう。

前期自然哲学において、最古の哲学者と目されるタレスは、世界（自然）現象を神話により説明するのではなくあくまでも哲学的に究明し、結果モノの原理は自然物（水）にあるとみなし、それを以て〈アルケー（万物の根源）〉とした。しかし彼の自然物とは、たんなる物質ではなく神や魂が宿る精気的なものでもあった。タレスの後継者であったアナクシマンドロスは、タレスのいわゆるそのような物活論的な観点を純化させ、アルケーを自然物ではなく抽象的なものすなわち無規定的、無記的で中性的な、まさに神的な不死不壊なる〈ト・アペイロン（無限なるもの）〉とし、自然の生成消滅を倫理的な原理により説明した。さらにアナクシメネスに至り、かかるアペイロンは、無規定的、生命的にして質料的な「空気」、すなわち精神的にして物理的現象をも示す〈プシュケー（霊魂）〉や〈プネウマ（気息）〉としてみなされ、生成変化は「空・気」の希薄化（温熱化）と濃厚化（冷化）といった自然の質的変化によって説明された。

以上のアルケーを中心とした前期自然哲学が後期自然哲学へと引き継がれ体系化されていくが、その橋渡しの役割を演じたのが、「万物は流れる（パンタ・レイ）」を説いたヘラクレイトスであった。彼は自然現象（世界）を、アルケーを原理として説明するのではなく、対立、緊張、戦いなど社会的な面をも取り込んだ火炎のごとき生成変化の円環相（永劫回帰）を以て説いた。そこではいかなる不変のものはない。とはいえ彼もまた調和を促す秩序（ロゴス：法則・規則性・神）の存在をも同時に認めていた。

精神（神）を絶対視するピタゴラスの宗教哲学では、前期自然哲学に見られた物活論的および両義的な揺らぎは見られなかった。彼は、万物の根源を意味と力を有する形而上学的〈数〉とみなし、世界事象のすべてを偶数と奇数で区別し、右・左、善・悪、男・女、肉体・精神なる二元論を以て哲学的に解釈し、無限宇宙（コスモス）を調和と秩序をもつ永遠にして整然たる循環運動としてとらえた（無限数はいまだ案出されていなかったが）。なおこの循環運動は、哲学的および実存的というよりはもっぱら神秘的宗教的に理解されており、それは起源を東洋にもつ禁欲主義的なオルフェス教の、輪廻転生説すなわち魂の不死と転生および浄化の神秘的な解釈に基づいていた。

両義的な思想的揺らぎがないという点では、有を原理とするエレア学派の論理的な同一性の哲学も同様である。クセノファネスはアルケーという見方を超えて、世界（宇宙）を不動で静止した一つの全体としてとらえた。すなわちそれはイコール絶対的な神であり、相対的な人間はそれに近接することにのみ存在する。「有るものは有る、有らぬものは有らぬ」で知られるパルメニデスもまた、存在を不生不滅で完全無欠にして不動の一つの全体とみなした。しかし彼はさらに、かかる不動の全体とは各々の存在〈有〉の連続によるもの、ゆえに思惟することは存在について思惟することとし相互の一致を説いた。いずれにしてもそこではいかなる無や空虚なる思考も認められず、ヘラクレイトスの生成変化説も無限観念をも否定された。一見形式論理的な論考ではあるが、しかし「有るものは有る」とは、実在的自覚および確信に基づいた言明でもあった。

……とはいえかかる存在および全体は、クセノファネスのごとく神ともなりうる点でも、論理一辺倒のなかにも観念的神秘性が同居しており、結果当初の同一的全体性の哲学は、パルメニデスの後継者でもあったメリッソスによって、存在が一であるためには、同時に存在は無限でなければならないとした直観的な判断が取り入れられることになった。なおこのようなエレア学派の存在の論理と神秘との共棲は、ピタゴラスの神秘的な数的論理とともに神的論理主義の流れを形成し、ソクラテス以降ヨーロッパ社会の、神的形而上学のおよび宗教と科学の二元的世界の伝統を創り出していく思想的礎となった。

後期自然哲学は、以上の神的論理主義の流れをも配慮しつつ、前期自然哲学をベースに新たな「万物の根源と生成変化」説の体系化に努めた。エンペドクレスは、物活論的にこれまでの諸説の「成果」を熟慮・折衷し、先ずアルケーを、エレア的〈有〉として土・水・火・風なる不生・不滅・不変の恒久的存在〈リゾーマタ（四根）〉としてとらえ、その各々相互の混合と分離によって宇宙世界内事象が生ずるとして実在論的に体系づけた。他方事象の原因については、愛憎や争いなど心的および倫理的な面を考慮しいずれ神につながる目的論的歴史観を以て体系づけた。またアテナイに初めて哲学を導入したアナクサゴラスは、アルケーを無限分割可能な無数で異質な〈スペルマタ（同質素：ホモイオメレー）〉としてとらえなおし、その生成変化は無限的、独立自存にして独裁的な唯一の〈ヌース

（精神）〉の下で旋回運動を行い、いずれ原初的混合状態から世界が分離され秩序化されていくという、エンペドクレスと類似の観念的精神的な観点からの目的論的歴史観を説いた。

以上の二人の「万物の根源と生成変化」に対するこのような実在論的かつ精神論的な統合理念は、そもそも論理的矛盾によって成り立っており、いきおいその徹底化は避けられず、ついには同じ系譜のなかから、レウキッポスとデモクリトスの唯物的実在論が生まれてきた。かれらはアナクサゴラスの無数の微小断片なるスペルマタを、固有の能力を介在する同質異形の物質原子すなわちパルメニデス的〈有〉たる〈アトム（分割されないもの）〉と改釈した。して生成変化はかかる無数のアトムの集合（生成）と分離（消滅）によるものとし、運動については外圧による非有なる無限の空間における渦動的で機械的な作用を想定し、徹底的に唯物論的に解釈した。ただ問題は、アトムを不分割の絶対的な固有なる存在としたために、そこに次元的なアイロニーが発生した。すなわち三次元的物質世界が超次元的世界と結びつくという事態である。すなわち魂や精神に対して、デモクリトスはそれ自体が同様のアトムの働きによるものととらえながらもその存在を認容し、また倫理に関しても、物質（自然）現象とは別に、人生の目的として愉快であることや節度を魂の平安をもたらすものとして推奨した。そこには素朴な唯物論ゆえの、超次元的世界と三次元的世界の共存という、近代西欧の科学的精神通有の「限界」が垣間見えるであろう。

古代ギリシャ思想（哲学）の世界は、アトムに極まる自然実在的な世界と神や精神などの超次元的な世界との、ある意味近世以降の科学と宗教との二元的ヨーロッパ世界を演出していた。この二元性の思想的根底には、何よりも「有るもの」の認識が実体的で、とりわけエレア学派以降、神にせよモノにせよ「有るものは有る」という明晰な自覚と、思想的揺らぎを排除する断見があった。このような認識と断見をどのように評価しいかに思想的に位置づけるかは、現代思想を紡いでいく上で重要な課題となるであろう。なおその際に古代ギリシャの世界観は主体〈人間〉の側の暗黙の認識能力の信頼によってのみ成立しているにすぎないとみなす、当時アテナイを闊歩していたソフィスト(1)の認識批判は、参考となるであろう。

ソフィストは、宇宙、数理、存在およびアルケーについての認識や思惟能力とは有限でありけっして絶対的なものではない、であるならばそのような自然観も世界観もあてにはならないのではないかと批判し、懐疑と反省に基づき相対主義的かつ不可知論的な認識論を唱えた。彼らにとって存在するのは相対的な思惟のみであり、それゆえ社会生活をとり結ぶ言葉と弁論だけが頼りとなる。重要なことは、そのようなかれらの主張には、「万物の根源と生成変化」説とはひっきょう仮説や推論にほかならない、したがって生活世界における言葉や弁論に根差す社会的諸関係こそ重視されなければならないという、そのような社会的かつ主体的な自覚やメッセージが含まれていた、という点にある。

ソクラテスは、ソフィストの人間主義的な哲学への旋回に便乗しつつも、かかる自覚や示唆を充分理解することなく、その相対主義的認識論や弁論重視のみを批判し、いわゆる最大のイロニーである〈無知の知〉を以て内在的な問答法（三段論法：産婆術）を駆使し、むしろ相対性を普遍性へ、社会性を神と直結する個的精神性へと再び解消してしまった。

そしてこのソクラテスの問答法を実在論的な弁証法（ディアレクティケー）へと展開させたのが、プラトンでありアリストテレスであった。前述の古代ギリシャ哲学思想の諸説とは、そもそもソクラテス由来の、プラトンやアリストテレスの引用や翻訳および紹介や注釈によるものであり、そこには当然批判的継承や改釈が発生した。実際にソクラテスの問答法は、ピタゴラスの浄化する魂を人間の個別的存在を形成する人格的な主体にスライドさせることにより産み出されたものである。プラトンはそれを客観的な観念と認識の弁証法として体系化するとともに、自然哲学による実在的な万物の根源を〈イデア〉とし、さらに人間自身が目指すべき弁証法的な理想を神性なる〈イデアのイデア：善のイデア〉として改釈し記述した。ある意味「万物の根源と生成変化」説の、観念的神的弁証法に基づく思想的改竄であった。しかしこのようなプラトンの一方的で観念的な解釈は、アリストテレスによって現実的な解釈へと引き戻されることになった。彼によって、イデアが地上に引き下げられ、アルケーが個物となり、自然哲学の唯物実在論的観点が復権された。なおまた物活論的両義性は個物に内在する質料と形相といった相の下でとらえられることにより、アナクシメネスのプネウマ説が新たに蘇ることにもなった。

近現代ヨーロッパ社会の宗教‐科学‐生命の観念の形成において、アリストテレスの哲学の果たした役割は大きい。彼は、前述したようにプラトンのごとく事象を観念的に解釈するのではなく、一定の唯物的感覚に基づいて万物の根源を個物に置き、個物自体に内在する質料と形相に可能態と現実態を対応させ、個物の生成と運動を弁証法的にとらえた。生命現象に関しても、プシュケーとしての霊魂を、知的に覚醒していく自立自転するプネウマすなわち「可能的に生命をもつ自然的物体の第一のエンテレケイア（現実態）」とみなし、身体論的に理解した。このようなアリストテレスの思想は、ピタゴラスやプラトンの唯心的観念的な世界観を打破し唯物的生命世界を開示するものであり、彼の生物学的分類や無生物から植物、動物、人間へと段階的にプネウマ（霊魂）が発展していくとする生気論的世界観は、現代の近代科学の世界においてなお、科学的、時空的かつ遠近法的変換を施されながらも、解剖生理学や科学的進化論などに受け継がれている。

もとよりアリストテレスも神的弁証法から解放されたわけではなかった。物活論的な古代自然哲学を、主体(人間)に引きつけ認識論的に反省し論理的に止揚したが、神的観念的世界観を同時に継承した。せっかくの個物中心の「万物の根源と生成変化」の唯物(個物)的な観点が、まるごと〈「不動の第一動者」(神かつ最高の霊魂)〉によって支配されてしまい、結果超次元的な神の観念がヘーゲルに至る後の神的ヨーロッパ形而上学の体系化を準備することになった。[2] 彼の「不動の神」は、中世に至りキリスト教の全知全能の絶対的人格神となり、[3] さらにルネッサンスを経て人間的理性に乗り移り、そうして神的理性の備わった人間により自然が支配され、宗教と科学の共棲する近現代特有の絶対矛盾的自己同一的な西洋世界が形成されていった。そこには光と影があった。キリスト教が「神の下での平等」という自然法的覚醒に基づき人権や民主主義生成の思想的礎となり、[4] 科学や科学技術の発達は確かに人類に便利で快適な生活をもたらした。しかし前者の平等には「神の下で」という制約がついており、常に宗教間の争いがつきまとい、また後者についても快適な生活には環境破壊や核の脅威など生命のクライシスが、さらにその享受においても格差が伴い、いずれにも影なる負の面がはらまれていた。

科学の方法と理論の発達という点で言えば、「万物の根源と生成変化」説のなかでも根源的な「モノ」を唯物的にとらえた点と、無限分割可能と解釈した点が重要である。事実現代社会では、かつての元素たるアトムが電子・中性子・陽子を配する原子となり、さらに多種多様な素粒子にまで「分割」され、原子および宇宙物理学の発達に及んでいる。また医学や生物学の分野においても、多様で高度な精密機器の駆使により、「生体の根源」たる最小単位が臓器から細胞にそして今日では遺伝子DNAのレベルに及び、その「生成変化」が生理的なメカニズムとして情報科学的に理解されるようにまでなった。とはいえ神的ヨーロッパ形而上学の下で、科学が権威的科学主義集団を、他方宗教が「神聖同盟」を形成し、科学と宗教の二頭「政治」が社会を支配する構図は、変わっていない。とすれば今一度ソフィストの自覚を率直に受け止め、「万物の根源と生成変化」説について考え直す必要があろう。してその最大のヒントが古代東洋の哲学思想にある。

2　気のプレグナンス

古代ギリシャの宇宙論的世界観がソフィストとソクラテスによって反省を促され、認識主体である人間の対自的自覚（「覚‐自」）が問われた。ただその自覚の内実は両者で異なり、前者はあらゆるものを相対化し、自己にとって利するモノのみを合理的に解釈し選択していくことを、また後者は普遍的真理および神的信仰に根差した正義や道徳に順（殉）ずることを信条とした。いずれも偏狭的な内実を示すものだが、しかし両者がともに手を携えることで、後の科学主義と宗教に基づいたある意味歪な神的ヨーロッパ形而上学の礎を築いた。何よりも問題なのは、いずれも独我論的なスタンスすなわち全てを人間主体に還元したために、人間存在を規定する自然、事象、世界に対する認識論的反省や自覚が欠如し、「存在と生成」の自然哲学に対する充分な「検証」「総括」には及ばなかった点にあった。なおプラトンおよびアリストテレスによる実在論的な弁証法も、神的実体論に基づいた人間中心主義と「生成‐存在」論との辻褄合わせの「統合」世界を描写しただけで、徹底的な認識論的反省や自覚には至らなかった。

著者はすでにこれまでに論を尽くし、そのような「統合」世界とは異なる「唯物的空なる生世界」を開示した。しかしそこにプレグナンスする唯物的空なる「モノ」については、いまだ明らかにはしていなかった。その解明および創成のためには、改めて古代ギリシャの「万物の根源と生成変化」説に対し、〈絶対無〉化作用と禅の「即」の論理による空的還元が遂行されねばならない。ちなみに次に示した「存在と生成」説に対する相対的かつ次元的な三点総括は、その遂行の一定の「成果」を示すものであり、世界を絶対的に認識し思考しうるという前提に対するソフィストの懐疑にも応えるものとなっている。

一、万物の根源（アルケー）：火・水・木・土などの自然元素。無限重層的なミクロ即マクロ的「仮有」。唯物的にして非固有の固有性。無限分割可能性。「空‐気」。
二、生成変化：自動的即他動的。生成と消滅の反復。永劫回帰なる渦動旋回運動。
三、ロゴス即力：内在即外在、合理即非合理、ヌース即カオス、非有即有なる「空‐間」。

総括の一と二が、唯物的空なる「モノ」の存在と生成すなわちプレグナンスに関わり、三がおそらくは唯物的空なる場に相当するであろう。前者について論考する前に、先ずは後者の「場（所）」について考えてみたい。というのも、主体が認識し思考し推量する、また万物のアルケーが生成変化する、そのための「場」の応答（保証）および認識如何が世界観に対する信頼度を決めるとさえ言われるからである。

さて「場」とは、すでにプラトンやアリストテレスによって、「生成するものが、それのなかで生成する当のもの」を意味する〈コーラ〉や〈トポス〉なる言葉で以て示された。[5] 中村雄二郎はその現代的な意味を具体的に、共同体、無意識、固有環境など、主体である我々人間の存在根拠としての場所、身体的実存によって空間的な場所を意味づけ分節する身体的、象徴的な空間としての場所、さらには主体の論点や議論がかかわる種類の事柄が隠蔽されかつその発見されうる場所などとして、多次元的に要約している。[6] また西田の前述（二章4節）の「場の論理」に関しても、中村は同様に次元的な場所として、西田は言語論理学的な判断形式に基づき、それを物質界についての一般的概念の述語面すなわち働くものの作用を促す有なる場所、有なる場所の背後にある超越的な述語面すなわち意識の作用を促す意識野としての相対的対立的な無の場所、さらにはかかる意識野の底を踏破する真の自由意志を促す絶対無の場所とみなした、と指摘している。[7]

なおこの西田の、作用を促す次元的な「力」をはらむ「場所」とは、まさに総括：三の〈ロゴス即力〉に匹敵する。しかし西田の究極の場所である絶対無は実体化されており、「絶対無即絶対有」であれそこに絶対的無化作用が遂行されていないため、権威ある神的な力のロゴスとなってしまう。空的還元によるならば、場所は多次元的であり、何よりも唯物的かつ身体的な「力」の作用する唯物的空なる「場・所」である。たとえば、デリダの原‐エクリチュールの運動を促す「すべてのものの刻印が刻まれる地の台」[8] や、メルロ・ポンティのゲシュタルト的土台としての身体であるような。したがって究極の場所とは絶対無にあらず、主語即述語、物的力を内包する合理即非合理、非有即有、内即外の「即」なる多次元的場を包含する、まさに（真空妙有）にして「空・間」すなわち空なる「間」、ひっきょう非実体的な唯物的空なる世界となる。

ところでプラトンおよびアリストテレスの神的かつ人間主義的形而上学によって反省された次元的な「場」の思想は、キリスト教世界からデカルト的自我主義を経て、絶対的人格神の能力を受胎した理性主体が誕生することにより消滅していく。それは、理性主体による自然支配の帰納と演繹の論理が、ユークリッド幾何学と結びつき三次元的な絶対的均質な時空を形成したことに、すなわち絶対的人格神を捏造した人間自らが神的主体となり、唯物的方法（物化・対象化）を駆使することで、次元的な場に代替する科学・科学技術を創出する空虚で人工的な「空間」を創出したことによる。……だが現在、我々は宇宙物理学の最先端において、すでにそのような三次元的空間に基づく科学主義的観念を打破し乗り越え、まさに究極の場所を唯物的空なる世界とみなすべき時代を迎えている。

現代宇宙物理学が「空間」を脱構築することにより、存在の根源としての原子（アトム）に対する知見もまた、先の「即の論理」に基づいた三点総括の一と二の観点に限りなく接近している。とはいえこの観点は、物理学の展開する物象的な世界をベースとはするが、あくまでも多次元的な唯物的空なる場にプレグナンスする「元素（モノ）」である。それは万物の根源（元素）として、唯物的および霊的唯心的にとらえられたプシュケーやその階層的秩序化によるプネウマが、空的還元過程において「覚・自」的に止揚され、次元的な場の意味をはらんだ最適な翻訳漢字「空・気」、すなわちデモクリトス・レウキッポスの、無限に空虚なる三次元的な空間のなかで機械的に生成・運動するという個的物質的アトムが、即の論理に基づき揚棄された、唯物的空なる場にプレグナンスする非固有（生成・拡散）にして固有（存在・凝集）なる多次元的な「空・気」、つまり唯物的空なる「気」である。この「気：元素」は、三次元的な科学世界においては唯物的なアトムや数理的質点としてその固有性において扱われうるが、あくまでも「仮有」であり、ゆえに脱、非、再固有性を示し重層的であり、高（超）次元的には「存在の運命」にかかわる決裂力や生産性および自己同一化する「存在」としてプレグナンスされ、身体的、社会的かつ精神的な様態としても取扱われうる。万物の生成と存在の世界は、そうして唯物的空なる気の世界として地平的・次元的に止揚され、統合されるのであろう。

古代東洋哲学思想において、古代ギリシャの自然哲学同様、万物の根源：元素が、たとえば古ウパニシャッドの実在論的哲学やアジタ・ケーサカンパリのような唯物論的な哲学により火・水・地・風として、また古代中国の易理法により火・水・木・金・土（五行気）として、各々生成発展する自然事象としてとらえられた。さらに究極の根源的な元素としては、〈ドーシャ〉や〈気〉が考案された[9]。なおそのような諸元素に作用するロゴスについても、特に中国では西洋の〈ヌース〉に匹敵する「理」を以て語られた。とすれば古代東洋思想も古代ギリシャ思想と何ら異ならないことになるが、しかしそれは表面的形式的な面においてでしかない。東洋思想には仏教の空思想はもとより中国の気の思想にも、ソフィストが批判した〈有〉の同一的絶対的な論理も実体的な断見もなく、たとえば気は陰陽二気にも五行気にもなりうる次元的かつ非実体的な元素および事象としてみなされている。それは非固有にして固有なる存在であり、同時に各々が力を発する場でもある点では、まさに前述の内包的な元素：「空 - 気」の「気」に相当する。

現代版：気の思想は、しかしかかる気をギリシャ - ヨーロッパ思想由来の唯物的自覚と認識によって脱構築し、まさに唯物的空なる多次元的な気として、現代思想に相応しく存在ならぬ存在の構成を明らかにし、また存在の秩序を構成する無機性と有機性さらには生命性の、連続性と非連続性に対する時空的かつ次元的な理解を推進させるであろう。なお現在無機性については、科学によって細大漏らさずの「理解」が進行しているが、有機性と生命性についての言説は、いまだ科学的思惟に翻弄され機械的かつ断片的な解釈と、観念的およびロマン的な解釈の間を彷徨っている。したがってこのような二極を彷徨する言説をいかに克服していくかが、現代版：気の思想の最重要課題となるであろう。

ところで現代の生命思想は、その淵源でもあるアリストテレスの「存在の秩序」説やエンテレケア説抜きには語れない。特に現代版：気の思想においては、彼の以上の言説から生成してきたプネウマ説の理解が重要となる。プネウマ説とは、前節で述べたように、万物の根元たるプネウマが人間身体の肺臓から肝臓および心臓を経て脳に達することで、順次「存在の秩序」に従い無機から有機さらに生命へと、自然的、植物的、動物的、さらには精神的思考的プネウマとなり各々の場所で各々の構造と機能を司るというもの。そこではプネウマが連続性と非連続性をはらみ、内在的固有性を以て次元的転化や昇華を指向するものであった。それはピタゴラスの「浄化する魂」やプラトンの弁証法的なイデアが、身体内部において自然無機物を基点に発展していく姿を想像し言説化したものである。しかるに近代から現代に至り、身体の唯物と唯心の二元論的解釈に基づいた科学的言説がドミナント化するなか、かかる生命の次元的な非連続の連続性が断たれることになった。結果プネウマは精神性を剥奪されたんなる数理合理的な無機物すなわち唯物的元素（酸素）となり、身体生命は精神と肉体に分離され自らの有機性が機械となり断片化されていった。ちなみに精神作用と大脳の局在的対応説に基づいた現代の大脳解剖生理学や脳科学は、まさにかかる言説の典型例と言えるであろう。

いずれにせよこのような「存在の秩序」を前提とした生気論から二元対応説に至る一連の考えは、総じて大脳（知覚）を神聖なる場[10]（頂点）としたギリシャ・ヨーロッパ思想出自の伝統によるものであるが、古代中国医学（思想）では、心臓を身体生命の中心場として、諸「生・気」の非実体的相関性、身体的構成、布置関連に及んでいる。そこでは観念的ではあったが、「場」としての身体および身体間において重層的一体的に交流し合い相互に活力を促す、内外に「立ち上る気体」「天地に充満する浩然の気」すなわち多次元的にして不可視の体感的な「交‐気」による身体生命思想が説かれた。

東西思想を次元的に止揚する現代版：気の思想によれば、生命的な気すなわち高次元的な「生‐気」とは、生体（身体）を唯物的空なる場としプレグナンスする気であると同時に、自然を唯物的空なる場としてプレグナンスする生体（身体）でもある。このような唯物的空なる場と気の自覚に根差した次元的かつ重層的な発想は、観念的な東洋思想の空や気の思想と、観察された生物の類種を神的、次元的かつ一元的な翻訳・改釈に基づきシステマチックに階層的にとらえるギリシャ‐ヨーロッパ思想を同時に止揚し、気を多様かつ重層的にして多次元的な観点からとらえるものである。さしずめ現代ではそれは、ミクロからマクロのすべての個物、空気をはじめ気象、特有の味、臭気、電気に至るまでの不可視の自然現象、趣などの物的な作用やはたらきとともに気概、心気・気持ち・元気、勇気、気質（気‐性）、気分などといった心的なものともなり、連続にして非連続、無機的にして有機的な多義的多次元的な人の心身や生命を構成しあるいはそれ自体となり、宇宙と自然とヒトの身体を貫き充満する、まさに万物を生成し万物となる、不可視のエネルギーをもった存在ならぬ存在とみなされるであろう。

ところでインド思想にも仏教以前のウパニシャッド哲学に気類似のドーシャがあり、また中国思想にも〈道〉や〈太極而無極〉や〈太易〉といったいわゆる気をプレグナンする「原質」のごとき場が概念化されていた。その中であえて「唯物的空なる気」といった「空」と「気」の言語を採択したのは、両者が概念的に究極の内包となりうると判断したからである。とりわけ「場」に関しては、前述の〈道〉や〈太極而無極〉なる概念は、老子の「有は無より生ずる」無の思想に由来しそして西田の〈絶対無〉にも受け継がれた、自己原因的な「絶対的な無」として理解されており、空観との根本的な相異ゆえに場に相応しくなかった。無は無でしかないとすれば、そこに自己原因的作用を認めること自体が宗教的信念および超次元的解釈としては成立しても、高次元的かつ多次元的なこの生活世界においては、たんなる論理的矛盾でしかない。ちなみに安藤昌益は『自然真営道（抄）』[11]の中で、「無なくば有なし、有なくば無なし。……有と無とで一気」（一一五頁）と言い、「上もなければ下もない、すべて互性であって、両者の間には差別がない」（二四四〜五頁）とも言っている。なお彼は言語の意味として、〈互性〉を「相反し、相補いある性質のものが和合して一つの完全な状態をつくり出す作用」（三八〇頁）と説明し、さらに〈自然真〉を宇宙の中心に存在し、無限に万物を生成してやまない活動の主体としてみなし、「自ら感じて一気をなすもの」（三七頁）と、有無を超えた空主体ととらえた。ここには素朴ではあるが、アジア発の唯物的空なる気の思想の端緒が読みとれるであろう。

とはいえ現代版：気の思想が、現代の宇宙世界を如実に描写するためには、そのベースともなるヨーロッパ発の、近・現代科学を最先端にまで推し進めた宇宙物理学的知見と、さらに生命の存在の秩序をなす非連続の連続性を時空的に変換させた進化論の構造論的知見に対するアプローチが必須となるであろう。

空的還元過程において、科学・科学技術の史的功罪性を問うことは、重要な課題ではあるが、とはいえ功罪の明確な判断および境界づけは困難でありかつ相対的たらざるをえない。だが世界史に及ぼした、とりわけ核装置の製造から行使に及ぶ「大罪」は、我々の負の記憶から消し去ってはならない。科学技術殺戮装置に対するコントロール可能なるパブリックな対応は急務であるが、そのためにもいやさらにその根本的な克服のためにも、何よりもそのような世界を創出した現代科学の知の体系が見直されねばならない。なかでもその先端的な役割を担っている現代宇宙物理学に対する認識・理解・反省は、必須となる。

3　宇宙物理学の思想

ところで現代の科学的知の体系は、哲学的な概念や方法と無縁ではない。特に現代の宇宙物理学は、近・現代哲学におけるとりわけ〈ゲシュタルト〉と〈相対性〉の思想や理論に負っている。ゲシュタルトは、主として応用心理学の領域で要素連合的な全体性の意味で使われているが、哲学的には各部分が全体に従属しかつ相互に依存し合っている、たとえば内的分節をもった音楽のメロディのような有機的全体構造を意味する。それは連合にあらずして、個々の部分や要素の総和以上の、個々の間の「移調」をも可能にする独立した「形態質」のごとく理解されている。このような総合関連的概念および感覚・知覚は、唯物的空なる世界をも想わせる。いずれにしてもゲシュタルト的思考様式は心理学的な領域だけではなく、ありのままに直観・知覚される「場」や領野を描写する哲学的・現象学的領域全般に及び、前述（二章3節）したように、フッサールの現象学にプレグナンツ（ス）法則(12)を導入したメルロ・ポンティの身体論形成に、さらにまた科学的思考の形成にも多大なインパクトを与えた。他方相対性の概念についても、以上のゲシュタルトの相互関連性の概念にすでに認められるが、淵源的にはそれは〈万物流転〉のヘラクレイトスの思想や「諸行無常」の仏教思想、さらには認識批判に基づくソフィストの懐疑論など、普遍なるもの恒常なるものの存在を認めず、絶対的存在や観念あるいは真理とみなされてきたものを否定し相対化する思想に由来するものである。

近代哲学の祖と言われるデカルトは、前述（一章1節）したように、自我的思惟（心）を第一の実体とし、さらに自らの不完全性（有限性・欠如性）ゆえに完全なる神を無限なる実体とし、その上で神の表現および制作である、数量的に規定されるいわゆる延長する物体界を、神自らが本質をあらわすすなわち永遠不変の法則を示す実体として認めた。そして彼の演繹法的な合理主義が、ベーコンの帰納法的な経験主義と結びつくことによって、あらゆる現象を対象化し分析し実証し法則化し解釈していくという、近代科学の方法が確立していった。なおこの有効性や画期性は、後の科学・科学技術の急速かつ高度な発達が証明したが、ただそれがそもそものデカルトの「懐疑」を霧散させ、神的な絶対的時空観念を前提としていたため、いずれ科学主義的信仰を醸成することにもなった。

ガリレオもまた宇宙（コスモス）の神的観念の下にあったが、しかし信仰と知識の問題を混同することのないよう厳に戒め、学問的にはあくまでもユークリッド幾何学や数理的かつ原子論的な観点を重視し、ベーコン‐デカルト由来の実験合理主義を一層徹底させた。とりわけ彼の方法的な画期性は、自らが機械的・物質的観念に基づき物の運動の位置や系を特別に指定（内的絶対的時空の場を設定）し、運動の本質を相対的なものとして定義しとらえた点にある。(13) それはたとえば、「空に投げられた石の運動」に関わる石と大地と人間の具体的な形象を「共通の意味」すなわち知覚領野のゲシュタルトにまとめ意味づけるものであり、そうして彼は「絶対的な場」と「相対性の原理」により、地上の物の運動に関わる「仕事の原理」や「落体の法則」および「慣性の法則」を発見し、いわゆる物理学を誕生させたのである。なお以上の「下界」の諸法則が、後にニュートンによって、ケプラーの発見した太陽に対する惑星の位置（軌道）に関する「天界」の法則[14]へと応用かつ統合され、一八世紀の宇宙物理学が誕生したのである。

ニュートンの物理学は基本動力学であり、それは古典ユークリッド幾何学とデカルトの三次元的[15]すなわち神の創造した宇宙の絶対的時空間の中を運動する物質と、同様にかかる運動を促す神的力を背景に有する機械的諸力との関係を、あくまでも唯物的な関係として数学的に法則化し記述したものである。要はガリレオの法則をデモクリトスの原子の機械的運動とその相互作用から数理論的かつ幾何学的に解釈するものであり、そこでは運動する物質の最小不可分のアトム的粒子は質点として数学的に変換され、その粒子の質量と粒子相互の距離からそこにはたらく力が計数として導き出され解釈される。だが何よりも彼の理論の画期性は、そのようなミクロ的な数理論的な解釈を「天界」の宇宙の中でのマクロ的解釈に結び付け、万有引力の法則[16]を見出したことにある。しかし思想的には、物質をその固有性においてミクロ的にもマクロ的にも自由にとらえることが可能であるという観点をもたらした点にこそ、画期性があった。

ただしガリレオ同様、ニュートンの唯物方法論的解釈への要請も結果もすべて神の摂理によるものであり、したがって定式化された数学的法則は、絶対不変の法則でなければならなかったし、またデカルト同様その不変性の数学的証明は神の存在証明をも意味した。しかしこのような神的な絶対的観念および理念の下で宇宙の中の物質的な運動を機械的にとらえることには、ある種「次元的矛盾」を伴う。少なくとも神意を共有しない者にとっては、そのような理論や法則や公理は、ポアンカレも指摘するように、[17] 結局は仮説にすぎず、たんなる規約や「扮装を着けた定義」であり、またゲーデルの定理も証明したように、いかなる数学の分野においても完全な公理系を作ることは不可能なのだ。何よりも観察し認識し解釈する側の人間主体の観点や能力を相対的とみなす一方で、理念的抽象的な世界においてはアプリオリな客観的実在的真理を認容するという、そのような次元的な矛盾に対する不問は、現実の多次元的な生活世界においては、必然的に決定不可能な科学的命題に突き当たる。ただ真理も公理も「仮説」にすぎないが、矛盾や行き詰まりを回避しあるいは克服する努力もまた「科学」の偽らざる要請であり、そのためには当然次元的な乗り越えが要請される。そしてその要請に、相対性理論と量子論（力学）が応えた。

ニュートン物理学の次元的矛盾に伴う理論的諸限界は、A・アインシュタインの相対性理論により、高次元的な「観察者」が理論に導入され絶対的時空間が相対化されることで、さらに光速に限定された「力」の概念が電磁場や重力場なる「力の場」の概念に置換されることで、他方量子論（力学）により、元素なる不可分の粒子（アトム）という固定概念が、微分的分割可能性およびその「仮有」性に基づいた非固有なる固有性の量子概念に置換されることで、乗り越えられることになった。ではそれはいかなる次元的「乗り越え」であったのか、すなわちいかなる乗り越えを意味したのか、この点についてさらに、数理幾何学的かつ物理学的観点を踏まえ思想的に検討し論考したい。

S・マックレーンは、幾何学とは、「運動や物の構造、形体などについての経験の中から出てくる諸問題に基礎をおく、ある精巧な知的構造物である」[18]と述べている。とすれば、多次元的な生活経験世界のなかにあって、それは必然的に従来の三次元的なユークリッド幾何学にとどまらず、対自的意識の無限遡行は不可能とする前提（暗黙の公理）の下でなお、かかる遡行の可能なかぎりの範囲で、数式のパズル的しかし何よりも次元的合理性を以て非ユークリッド幾何学[19]や非アルキメデス（ヒルベルト）幾何学、さらにはより多くの座標軸を有する高（n）次元的な幾何学など、多様な幾何学をも産み出していく。かかる「成果」は何よりも三次元的空間への高次元的要素の導入（からの高次元的「超出」）によるものであり、そこでは、これまでの数理幾何学的三次元的空間から解放された、准‐三（高）次元的な相空間（物体の位置と運動量を座標とする2f次元ユークリッド空間）が展開する。

アインシュタインは、ガリレオ‐ニュートンの絶対的時空と相対性の思想（原理）を有する物質運動の構造的把握を、その支持基盤でもあったユークリッド幾何学の時空観念を超えることにより、運動力学のさらなる理論的飛躍をもたらした。その理論とは、ガリレオの慣性の法則と無回転の座標系〈基準体〉を前提とした、異なる「相対的な場」の同時性に基づく運動概念に対し、異なる座標系からの「同時性の相対性」に基づく〈特殊相対性理論〉と、慣性の法則によらない回転（円運動）する座標系を前提とした、慣性質量と重力質量の同等性を導く〈加速度‐重力場〉の原理に基づいた〈一般相対性理論〉である。[20]して光速度不変の原理（マイケルソンとモーレ）と万有引力（ニュートン）の法則との矛盾を突く、彼のこのような准‐三（高）次元的な数理物理学的知見は、ニュートン物理学とともに現代宇宙物理学を支えるマクロ的な場の理論の形成に貢献している。

なおアインシュタインの画期的な高次元的転換を促す数理物理学的知見は、「物理的対象は空間の内にあるのではなく、空間に広がっているのである。こうして〈空虚な空間〉という概念はその意味を失うのである」[21]という彼の言葉が示すように、これまでの三次元的絶対的時空観に代わるハイブリッドな〈相空間〉の下で、従来の科学思想を根底から覆すものである。思想的にはそれは、彼自身認めているように、世界の諸現象を函数的に連関し合った諸要素の複合としてゲシュタルト的にとらえたマッハの認識論的記述主義に負っており、間接的ではあるが東洋思想の相即と因縁の思考様式の影響も受け、キリスト教‐近代ヨーロッパ形而上学的科学思考様式からの、すなわち神的調和に基づき整然なる秩序として対象化され描写されたデカルト‐ニュートンの宇宙物理学観からの脱却および超出を意味した。

量子論（力学）は、以上の相対性理論による脱却・超出をさらに加速した。天文学的な現象を合理的に説明するために、ニュートン力学とアインシュタインの相対性理論が用いられたのは、一九世紀末までのことである。二〇世紀初頭には、両理論のみでは説明不可能な要素的なすなわちミクロな世界や領域に対する理論が要請され、物質を構成し力を媒介する原子内部の電子や陽子や中性子をはじめ、多種多様な非固有にして固有なる極ミクロな素粒子を扱う准‐三（高）次元的な量子論が誕生した。量子とは、基本的には粒子と反粒子が対をなし、さらにボーアによれば、それは粒子と波の両性質をもち「重ね合わせの原理」[22]に従う。後者については、たとえば量子の位置、運動量、軌道、時間およびエネルギー量など、二つ以上の可能性があるとき、それぞれの可能性だけでなく、その重ね合わせの状態や干渉作用が存在する、というもの。問題は、そのため二つ以上の可能性の「測定」がおこなわれると直ちに可能性の一つとなり、どちらの可能性になるかはつまり測定器がいずれに振れるかは、もっぱら確率によらざるをえない、すなわち性質を正確に測定しようとも、一般に一つの性質を乱すことなくもう一つの性質を測定できないとする「不確定性の原理」（ハイゼンベルグ）[23]によらざるをえないという点にある。このような量子論の不確定な活動の場の原理や構図もまた、ゲシュタルトと相対主義の時代の思潮（エピステーメ）を反映するものであるが、物質の固有性を非固有化かつ非局在化し、基準系内部の因果性を相対化する点では、アインシュタインの相対性理論にもまして自然科学的思考に一層の次元的転換を促すことになった。

現代宇宙論の二大支柱ともなっている以上の相対性理論と量子論は、廣松渉も指摘したように、単純なこれまでの三次元的物質世界観から准‐三（高）次元的な事的世界観への思想的チェンジを促すものであった[24]。ただし事的世界とは、両理論のようなたんなる数理物理学的世界内部に限定されるものではなく、この多次元的生活世界全般に及ぶものである。廣松が、異なる観測者（座標系）からの「同時性の相対性」に基づいた一般相対性理論や波動函数など高次元的な数理物理学的空間に依拠する量子論に対して、マッハの認識論をも踏まえ、「対自的対他＝対他的対自の被媒介性において、両観測系における与件的対象の間主観的＝共同主観的一致が存立する」[25]と遡行的に理解し、かかる共同主観性において問われるフッサール的意識の問題を取り上げたのも、そのためである。問題は、したがって対象化にのみに依存する物理学者のスタンスにある。

笛田宇一郎が『身体性の幾何学1』[26]の中でこの点について言及している。要約すると次のようになる（八三～九三頁参照）。アインシュタインは人間（観察者、物理学者としての）という次元を物の次元に導入し相互の異なる次元を物理学的関係性として対象化することで、時間を空間化した四次元時空連続体なる実在論すなわち相対性理論を構築した。彼はミンコフスキーの数式に基づき、〈特殊相対性理論〉において知覚に基づく「相対性の原理」と出来事である「高速度不変の原理」を〈ローレンツの変換〉によって同時性（四次元の三次元の内部化）としてとらえ定義づけ、さらにその拡張により〈一般相対性理論〉において、「加速度と動力場との等価原理」による人間の感官を通しての経験的所与を、物理法則として理論化した。最大の問題は、このような物を対象化する相対的な人間主体までも物の世界（三次元空間）に取り込むことにより、その実在論を正否の問えない絶対的な理論構制とし、生活世界における絶対的権威としてしまった点にある、と。

しかし実際には理論が「絶対的理論構制」になったわけではなく、准‐三（高）次元的理論へと次元的転換および止揚を遂げたにすぎない。……考えるに、取り込まれた人間主体とは、観察者や関与者かつ物理学者であっても、同時に生活し情動する人間主体ではない。人間主体は認識論的にも無限遡行的であり、したがって取り込まれた人間主体はすでに即自化された存在さらにその断片でしかないということ。すなわち高次元的存在性を有する観察者を物象的世界に対象化し導入すること自体、たとえ数学的に四次元的連続体を構成しえたとしても、事実上そこでの観察者とはすでに物化された准‐三次元的物的存在でしかない。重要なことは、まさにこの次元的な構制の「限界」と意義性を踏まえた上での了解でなければならない、ということに尽きる。

何よりも問題となるのは、取り残された人間主体が自らの内部の空白を埋めるために、あるいは物理学的な諸「限界」を突破するために、超次元的な世界を物象的世界の理論に取り込んでしまおうとするか、あるいはひたすら数理世界に埋没し、（質点）の概念など高次元的な数理・数式モデルにのみに従い理論的整合性[27]を求めようとするか、いずれにせよ神的ヨーロッパ形而上学の伝統に依存してしまうことにある。結果そこではアカデミックな数理物理学の世界でのみ通用する、フッサールさえも認容せざるをえなかった多次元的な生活世界の捨象された、まさしく空理空論が飛び交うことになる。

いずれにしても物象的および数理物理的知見のみを以て多次元的生活世界を切断し合理的に語る、そのような世界がことさら権威づけられる社会は問題である。ましてや物象科学の権威化が、宗教的権威によって裏打ちされるならば、一層深刻になる。解を満足させるためにのみ数理的整合性を超次元的世界に求め、数理幾何学的パズル（言語ゲームの一種）に興ずる、あるいは宗教的余興を嗜好するような専門家集団の世界を、二重に権威づけるからだ。なおアインシュタインによる重力と斥力の調和を要請する〈宇宙定数〉の考案が、ニュートンの宗教的要請に基づいた科学的論理との齟齬を避けるためであった、などということを耳にするならば、改めて宗教の及ぼす影響力の大きさを知らしめられよう。

高次元的な身体‐生命性に無自覚なゆえに社会的判断力の欠如した一群の科学者達によって、再び宗教的ジェノサイドやマンハッタン計画（原子核装置の製造）を現出させてはならない。宗教や国家の論理が科学と結託する政治が悲惨な結果を招いた歴史を反省せずして、数理物理的「調和」のみを求める最近の宇宙科学者の言説はいかに危ういか。

二〇世紀初頭宇宙科学の分野において、アインシュタインの〈宇宙定数〉を覆すかのごとく、E・ハッブルによって遠ざかる天体の視線速度により〈宇宙の膨張〉が「証明」され（ドップラー効果の「赤方偏位」による）、次いでガモフによって宇宙創成のビッグバン説が定式化され、まさに神の創造説に拠らない、新たな生命誕生に至る科学的ドラマが誕生した。その科学的シナリオとは。

今から一三七億年前、宇宙創成期の絶対零度の真空状態に加速膨張が生起し、温度が上昇するとともに多様な量子が発生し、超高温状態（ビッグバン）に至るや分子や原子の自由な運動と、それに邪魔されて直進できない光子の放射が充満するようになった（スープ状の素粒子）。次いで温度の低下・減速膨張とともに電荷の結びつき（原子化）が進み隙間ができ、光子の直進が可能となり（宇宙の晴れあがり）、いわゆる宇宙が誕生した。しかし星の誕生までは二億年も要した。先ず多様な量子および元素からなる星雲のガスや塵が収縮し原始星となり、それに重力がかかって圧縮され核融合反応が起こり多くの星々が生成し、さらに元素の融合により全体の質量を減じてエネルギー放射され超新星爆発が起こり、ブラックホールとなるか中性子星となるか、いずれ寿命を終える。とりわけ巨大太陽型恒星は寿命が短く末期には大膨張し赤色巨星となり、外殻の核融合反応に従い、水素やヘリウムのみならず炭素、窒素、酸素、イオウなどの元素を大量生産し自らの爆発とともに四散させる。なお四散した元素はメタン、メチルアルコール、アンモニア、シアン化窒素など簡単な有機化合物をも含んだ分子雲となり、重力濃縮により再び多くの星（特に衛星）を産出していくとともに、高熱のなか、炭素、窒素さらには水素を燃焼（酸素結合）させ、炭酸ガス、水、酸化窒素を発生し、無機物から有機物さらに地球上生命を誕生させるまでに至った。こうして人間の観察眼と数理物理化学的推量により宇宙の壮大なる科学的ドラマ（言説）が形成された。

しかしそれは、ローマ法王がくしくもビッグバン理論がカソリック教会の天地創造説と矛盾しないと言ったように、完全に神話を覆したわけではない。絶対的神性を帯びた近代ヨーロッパ人間主体により開示された数理物理学的な直観的所与の世界において、因果性の支配する無限の自然や宇宙全体が独自の応用数学や物理学となり、その形態および内容充実の無限性において「かくされている普遍的帰納性」が支配しているという仮説が生まれる。現代宇宙物理学なる思想も、結局かかる「所与（被‐創造）」の信念の下で、「普遍的帰納性」を信じ客観的科学を奉じているにすぎない。神による創造説とビッグバン説との相互依存。これはまさにデカルト以来のヨーロッパ神的形而上学の伝統である。そもそも近代宇宙の「等方性」と「一様性」という〈宇宙の原理（憲法）〉（ジョルダノ・ブルノー）からして、ルネッサンスの神的幾何学的調和概念の映現ではなかったか。(28)

4 〈統一論〉から気の宇宙論へ

三次元的および准‐三次元的世界において、還元不可能とされる素粒子といえども無限分割可能性は免れえない。事実かつて分割不可能とされた原子は今やはるかに微小なクォークやヒックス粒子、さらには一〇のマイナス二十乗メートルにも及ぶ超対称性粒子など極微的な存在が微分的に特化され、その煩雑さゆえに統一論までもが要請されている。ちなみに現代の量子宇宙世界は、「モノ」については、物質を構成する素粒子（フェルミオン）すなわち六種のクォークや電子やニュートリノの仲間を有するレプトンと、力（エネルギー）を媒介する素粒子（ボソン）すなわち強い核力を有するグルーオンと弱い核力のW・Z粒子および弱い電磁気力をもつ光子（波）、そして本年（一九一七年）検出された最速最弱の重力子（波）、さらにそれぞれに対応する反粒子などによって説明されている。(29)なお統一論については、特に力について、電弱力を有する核力および電磁気力と強い核力との〈大統一論〉と、それに重力を加えた〈超大統一論〉が試論されている。さらに今日では究極の統一論として、高次元的な超対称性に関する数学の進歩とともに、すべてのモノや力を高および超次元的な紐状量子振動の組み合わせに還元する、〈弦《ひも》理論〉や超重力概念を導入した〈超弦理論〉にまでに発展してきている。

ところで現代宇宙物理学の理論的および思想的画期性は、前述したようにガリレオ・ニュートンの等質で空虚な絶対的時空を前提とした場の理論を次元的に超出した点にあるが、学術的にはむしろその結果もたらされた、なかでもローレンツ変換による「空間の縮み」や「ブラックホール」の存在についての知見に、(30)さらには量子論と一般相対性理論に由来する高次元的な〈ブラックホールのパラドックス〉と〈特異点〉の言説に多くの関心が寄せられている。ブラックホールとは、一般相対性理論によれば、質量、回転速度、電荷のみの性質を有する、光の放出のない文字通り黒い穴のことを言う。物質・エネルギーの密度が限界よりも大きくなると、たとえば太陽よりも何十倍も重い星が最終的に燃え尽きて自分の重力に耐え切れず、ブラックホールとなる。

ホーキング反射によれば、負のエネルギーの積載が極小化することによりブラックホールが形成され、さらに温度上昇とともにその蒸発・消失は避けられず、最終的にはブラックホールの芯すなわち大きさゼロ・密度無限大の〈特異点〉だけとなる。そこには時空はなく、いかなる情報量も喪失する。しかし量子論によれば、仮想粒子の対生成が真空状態たとえば宇宙創成時に起こる。とすればそこでは当然情報の喪失はありえない。このパラドックスを克服する理論として、ホーキングの〈超弦理論〉の仮説が提示された。それは、ペアなる超対称性の〈超弦〉が高次元（一〇あるいは一一次元）の時空に棲んでいて、その多様な音色（倍音）が素粒子となる、というもの。すなわち一般相対性理論から重さがエネルギーに比例し、また量子論からエネルギーが振動数に比例することが科学的に判明しており、したがって超弦の重さはそのような多様な音色の振動数そのものを示し、そんな超弦よりなる超対称性粒子がブラックホールの無限極小点〈特異点〉においてなお情報量を失わない。ここに異なる素粒子と異なる力の起源を統一する理論のみならず、相対性理論と量子論統合の可能性が示される。(31) なお彼の遠隔作用と近接作用の相互一貫性を踏まえた、ワームホール理論などに見られる「虚時間」や「無境界性」の概念もまた、以上の高次元的統合性を高めている。とはいえそれは準‐多次元的相空間の中の、想像され対象化された数理物理学的な世界の仮説にすぎず、整合性への要請が神の証明に結びつく点では、デカルト以来変わっていない。(32)

ところで極ミクロの宇宙に関わる量子論と、地球や太陽さらには銀河系などの超マクロ的な宇宙を扱う天文学との統一論もまた、適用や接合の想像域を出ていない。

笛田が〈特異点〉に触れて、「四次元空間は三次元空間によって〈無限大〉と〈無限小〉の二つの方向性に分かれる」と指摘した。(33) 換言すれば、そもそも高次元的観点からすれば、ミクロとマクロの宇宙世界が別々に存在するのではなく、両者判別の認識は、ひっきょう人間の三次元的知覚を基準にしており、したがって両者間の区別は相対的にして一面恣意的にすぎない、ということ。とすれば高次元的身体性を中心とした準‐三次元的世界にあっては、両者の判別を踏まえミクロの特質を有しつつマクロの宇宙に連なるという、ミクロ即マクロなる高次の連続体および重層的織物が想定されうるであろう。現代物理学的宇宙論がなおも多次元的な統一論を要請するとするならば、したがって粒子即波なる量子概念さえも次元的に超えることが求められる。

〈超弦〉をなおも次元的に超える根元的な思想用語、それは〈気〉である。新しい統一論の形成のためには、現代版：気の解釈と理解は欠かせない。改めて現代版：気とは、多次元的で多義語なる

「空‐語」、表意文字にして表音文字、記号にして音素、名詞にして間投詞であり、その刻印されたる基本概念たるや、「間」「即」によって表出される、陰にして陽、単にして多、ミクロにしてマクロ、モノにして力、固有にして非固有なる、多様な気‐質をもった非存在の存在である。あえてその固有性にコミットするならば、それは独自の時空と自働性および展開力を有し、自らの内部に自らの多様な気をプレグナンスし繰り込み、分裂や融合を重ねつつ、双対のあるいは中心と周縁さらには地（場）と図の無限重層的な関係を以て自らを形成し、連続性の非連続性においては次元的な転換をも促していく。すなわちそれは「モノ」として質量、密度、強度および力（磁場や重力）をはらみ、根源（元）的にはクォーク、さらには双対の「弦」ともなり、重層的には太陽、地球、岩石となり、次元的飛躍（「存在の運命」）に賭けて生命「生‐気」や心的「精‐気」にもなっていく。

このような現代版：唯物的空なる気には、いかなる神秘性もない。古代中国思想にあっても、天人一体説や物我一体説が語られることがあっても神秘的な言説は少なく、〈理〉のごとく〈気〉の動因を別に立てるにしても、それはあくまでも内在的で法則的な生成原理としてとらえられていた[34]。天地宇宙間に循環流行する気は、基本自立自展する「存在」であり、一気が陰陽二気（「対」にも「反」にもなる）になり、それに〈沖気〉が加わり[35]中和化され、さらに多次元的に層化された五行気を形成し、万物を生成していく。量子とは、このような多次元的な気がミクロな元素的物象としてのみ、准‐三（高）次元世界に投影されたモノである。そこでは三次元的なモノと力の極限点として〈特異点〉のごとき、高次元的なゼロ点すなわち数理物理的次元と人間の認識論的次元の限界点が問題となる。もとよりホーキングの無境界性論を待つまでもなく、現代版：気の連続的にして重層的なミクロ即マクロなる唯物的空なる観点からすれば、〈特異点〉はどこにもあり、またどこにもない。現実はすべてが虚即実時間、非有非無なる唯物的空であり、したがって無限即有限層かつ無境界即有境界性を示す。還元可能にして不可能なミクロ即マクロの多次元的な気の宇宙論は、こうして現代宇宙物理学をも次元的に超えていく。

ところで事象のベースとなる唯物的「気‐層」：モノとは、質量と慣性（ポアンカレ）およびエネルギーとの総和であり、質量がゼロとなったとしてもエネルギーとして残存する。なお現代宇宙物理学における最大の課題が、宇宙エネルギーの九〇パーセント以上も占める光と無関係なダークマターとダークエネルギーの存在の解明にあると言われている。ちなみに前者が、軽くて高速のニュートリノ――など関与する熱いダークマターと、重くて低速の銀河や星の「種」となりブラックホールやニュートラリーノなどの仮想粒子などの関与する冷たいダークマターに分けられ、後者は、前述の宇宙の斥力（宇宙定数）、さらには真空エネルギーなどに関与し、いずれも宇宙進化に大きく関わっている、とみなされている。(36) 問題は、このようなエネルギーを、神的能力とは全く無関係に、いかに根源的統一的にとらえるかにある。とすれば何よりも〈特異点〉を超えた、高次元的な気のエネルギー（力）への収斂が要請されねばならない。数理物理学的にたとえば量的観測値が実測値と異なるというだけで、〈特異点〉を介してのパラレル宇宙やマルチバースの存在が唱えられるごとく、超次元的な形而上学の世界へ「後退」してしまわないためにも。

前節で述べたように、ビッグバン宇宙論もまた仮説の域を出ない。A・フリードマンは、アインシュタインの〈宇宙定数〉を修正し、正にも負にもゼロにもなるとし、宇宙を膨張のみならず、収縮およびゼロ膨張（安定常）にもなると考えた。またA・ラズローは、ビッグバン宇宙論自体に問題があるとみなし、宇宙のなかで失われた質料やビッグバンの前と宇宙の結末の後、さらにはグレートウォール（銀河の壁）の生成が宇宙年齢よりも古いことの理由などについていまだ不明のままであると指摘し、ビッグバンがバンのいくつかの一つであり、定常宇宙論とりわけ多周期宇宙論こそが正しいのではないかと述べている。[37] さらに彼は、量子の非局在的な干渉作用、すなわち遠隔作用の一変種（テレパシーやテレポテーション）のような量子の特性の説明のために、超弱の力を有する〈第五の場〉の存在とそこでの相互作用を示唆した。[38] かかる場とは、超弱力のみならず超弦および対生成、〈揺らぎ〉や〈ねじれ波〉とともに充実し、あらゆる事象をプレグナンスしていく無数に存在する〈特異点〉、すなわち〈真空ゼロ点場〉であるとみなされている。まさに唯物的空なる気の世界を象徴する知見と言えるであろう。

現代宇宙物理学の限界を超え、〈統一論〉のラジカルな展開を要請するならば、来る宇宙論は、量子論と相対性論との統一のみならず、天文学さらにはその他の学問との横断的統一的な観点が考慮されねばならない。[39] ただしさらなる次元的かつ根源的な統一を目指すならば、西洋の物象的世界観自体を超える、次元的かつ地平的総合による気の宇宙論に拠らざるをえないであろう。F・カプラは、機械的な西洋の二元的思考様式や観点に対し、東洋の世界観では、知覚されるすべてのモノや事象が有機的に関連し合っており、それぞれがたんなる「同一の究極的リアリティ」の諸側面およびその顕われにすぎないとみなし、さらにかかる「リアリティ」を、宇宙が永遠に運動し、活動的かつ有機的、精神的であると同時に物質的な一つの不可分なリアリティととらえた。[40] このような東洋的宇宙観は、心身一如の身体観に基づいた解釈であるだけに、その統一的総合論としての限界は明らかではあるが、多次元的な世界（宇宙）観の理解という点では、卓越していた。とはいえ気の宇宙論を形成する上で、現代の宇宙物理学的知見を、たんに古代中国の気の思想の擁護や復権のためのアナロジー論としてとらえる[41]だけでは、発展はない。東西思想止揚の気の宇宙論は、ヨーロッパ唯物論および身体論を踏まえることでのみ形成されることを銘記すべきであろう。

　唯物的空なる気の生活世界すなわちリアルなこの事的世界は、何よりも物象的かつ身体的な宇宙世界としてあり、我々の「唯物的身体・肉体」の小宇宙・自然世界は、主体の生活し認識し思索する大前提としてある。しかしそれは、三次元的な一定の延長や広がりを以て対象化されるだけの実体的な存在ではなく、准・三（高）次元的な自然や社会の絶えざる変化、生成、衰退、解体の運命とともにあり、体重や姿形および体質、気質、諸能力を有する身体の固有性は、非固有なる「空・体（仮象）」にして、即自的、対自的かつ対他的な、自己差異の差異体系の根拠なき存在として、すなわち唯物的空なる存在として存在している。ゆえに生体が解体し消失しても、極限的ミクロな量子すなわち唯物的気、ひっきょう気のエネルギーは無になるわけではない。それは物象的な真空エネルギーであるとともに生命のエネルギー（力）として、膨大なる微粒子、遺伝子、細胞、組織、器官の織り成す唯物的空なる唯物的気および「生・気」を生成させ、それぞれの生滅および生死を介してあるいは超えて、永劫無限的にはたらく。気の宇宙論による〈統一論〉は、したがって現代宇宙物理学を超次元的世界とではなく、数理物理的解釈の限界をも超出する高次元的世界観との事的多次元的連累によってステップアップさせるものである。宇宙とはその認識主体としての我々の身体でもあることから、〈統一論〉はもはや従来の対象化された物象世界としてだけではなく、多次元的な気の了解を以て展開されねばならない。

ところで日本語の宇宙という語は、中国前漢時代の『淮南子』に由来し、無限的な空間と時間の広がりを示す言葉として用いられ始めたと言われる。そのような無限的な宇宙に対しては、古今東西いずれの人間にも畏怖や畏敬の念やイメージがあり、とりわけ当初は神意や天命なる絶対的な観念がつきまとい、つねに情動の対象であった。そんな神秘的畏怖を払拭しつつある今日の宇宙物理学にしてさえ、絶対の観念や情動から完全に自由になったわけではない。多次元的な身体や生活世界に根差す気の宇宙論もまたそのような観念や情動と無縁ではない。しかしそこには宇宙物理学にはらむ神的調和概念はなく、「予定調和」や「予備設計」するモナド的絶対的意志の概念もない。

人間共有の根源的極小なるものへの「好奇心」および探究心が、東西の古代哲学思想において物活論的な万物の根源（元素）を、さらに古代ギリシャではその先端部に唯物論的な元素：アトムを創出した。現代の量子概念は基本的には後者の准‐三（高）次元的解釈に沿うものであり、現代版：気の概念は、同次元的には無限分割可能な無数のかかる量子概念を含みつつ、高次元的には生命や身体さらには精神的な概念をも併せ持つものとして理解される。改めてそれは、量子概念を含みつつ超える、すなわち非固有（多様分散性）にして固有な無限的かつ有限的な多次元的かつ超尺度（連続即非連続）的存在、また双対的にして二律背反的な、動にして静なる瞬‐速の、自動的にして非実体的存在として、その特性たるや絶対矛盾的自己同一的で、引力と遠心力および斥力の絡む中心と周縁の関係を形成する。[42] なおこのような多様多層多能なる多次元的な気に対しては、生世界での「進化‐変容」として「生‐気」や「精‐気」への高次元的解釈にも及ぶ。

気の宇宙論が発揮するのは、とりわけ身体性に根差す生世界においてである。生体科学や精神科学は、高次元的な身体を即自的に対（物）象化あるいは抽象化し気自体の力能性を無力化するものでしかないが、気の宇宙論にあっては、とりわけ身体性における生命的、精神的な気への高次元的な飛躍を促す、実存的かつエロス的気の力が重要なテーマとなる。それは完全なる人格の投影としての神の力とは無縁の、たとえば真空エネルギーのごとき唯物的かつ超倫理的な宇宙力の象徴する唯物的空なる気の命運の力であり、「生命が物理世界から進化」（ダーウィン）するための、胚種にはらまれた生命力やエロス的な力とも通底し、発育力、筋力，精力、あるいは知力などの多様な身体力に拡散される。

現代宇宙物理学の統一論的言説を超えていくためには、宇宙を物理化学的な考古学や歴史学あるいは経済学や未来学を以て統一するという域内システム論ではなく、「生（精）‐気」をもたらす高次元的な気の力（エネルギー）を中心とした地平的、次元的総合論でなければならない。なおその点では、設計なき「純粋な統一論（「准全体」論的世界観）」（ラズロー）や「〈生の持続〉論」（ベルグソン）は、何よりの参考となるであろう。

5 「生‐気」の軌（奇）跡

ラズローは、「生命はもはや宇宙のなかの異邦人ではなく、そこから出現し、そこに組み込まれた一部分である。……出現した生命は、太陽から安定して放射されるエネルギーの流れから自由エネルギーを獲得して燃料にすることができ、そのエネルギーを最下層の藻類から最上位の猛獣にいたる複雑な連鎖のなかで循環させている。……地球上の生命系はそれ自体が継ぎ目のない一つの総体となり、生体内で起こる恒常性維持過程によく似た自己調整能力を持つようになった。[43]」と述べ、さらにヒトの知性の発達における「火・気」の利用による定住を重視し、「意識」の進化をそこでの言語によるコミュニケーションの副産物ととらえた。それは、生命「生・気」とはあくまでも環境・包括的であり、コミュニケーション的「交・気」であることを物語るものである。

生物の「進化」についても、彼は「自然選択は負の要因にすぎず、正の要因は、〈包括的なシステム〉による。……ゲノムの変異は、高度に構造化された『後成的系』の範囲でのみ発生する」[44]とし、連続的かつ相互的に微妙なエネルギーの作用や転送が行われる〈生物の場〉を想定した。生物学者池田清彦もまた、より限定的に「高分子のある特殊な恣意的な関係性が具現されている空間を生物」とみなし、「生物の誕生は、高分子間のコミュニケーションが偶然に上手く機能し、ルールの設定と定立する空間が、膜の形成において、その内部に出来上がることによる」[45]とし、物理化学法則より高次の構造を有する生物の空間を想定した。そこではＤＮＡの突然変異は遺伝情報をプールするゲノムシステムにより、またゲノムの突然変異は環境により拘束される。そのような非局在的なゲノムから生態系に至る一定の階層構造をもった〈生物の空間・場〉、すなわち種と環境との相互的、協同的作用が行われる包括システムのなかから、新たな種が創造されていく。

以上の生物場を踏まえたいわゆるポストダーウィン主義的な構造主義進化論は、原子物理学の適用でもある分子生物学の還元主義的知見や従来のダーウィン主義およびネオダーウィン主義を超える、ラジカルで卓越した観点に基づくものである。とはいえそれはシステマチックな解釈や理解の閾内にある。よって高分子化合物から生命誕生に至る「軌跡」が語られても、その間（刹那）の次元的飛躍：「奇跡」は「恣意」や神意に担保されそれ以上語られることはない。……気の宇宙論からすれば、非決定性の決定性をはらんだ非固有にして固有なる双対的重層的気分子（蛋白質、ゲノム、遺伝子）が、中心と周縁の関係に布置された細胞「気‐層（包括システム）」すなわち一定のルールと固有性（境界性：膜、エネルギー代謝：対環境性、自己増殖能力：遺伝性など）を持った「生‐気」生命体を成就していく、この「軌跡」に「奇跡」をもたらす次元的な力は、神やたんなる恣意や〈意識（一般）〉などではなく、まさにかの量子にはらむエロス的な気の高次元的潜勢エネルギーである。ベルグソンの生や意識の持続論に限定するならば、なおその「進化」は「生‐気」が分裂・分離・融合しつつ次元的に「躍進」し「創造進化」していく、生命衝動の「傾向」ともみなすことができよう。

現代天文学の知見によれば、現在宇宙には一〇〇の一一乗の銀河系があり、各銀河系に恒星を中心に周縁に衛星をもつ同数の天体がある。その一つの天体である太陽系の衛星の一つが我々の住まう地球である。この地球が、ラズローも指摘したように、高熱の太陽から一定の軌道を保ち一定のエネルギーを受けることで、まさに軌（奇）跡的に「生‐気」生命が誕生し高度な生命系が創り出された。そこで、前述のビッグバンから生命誕生に引き続き、新たに構造主義的かつ実存主義的な知見をも踏まえ、地球上の「生‐気」生命生成から人類誕生に至る軌（奇）跡の分子生命科学的ドラマについて考えてみたい。

先ず生命誕生の発端は、分子生物学的には原始地球上（たとえば海底温泉の近辺）においてアミノ酸配列のペプチド合成が進みさらに核酸が生成したことに始まるとされている。[46] すなわち塩基からヌクレオシドさらにはＲＮＡが生成され、塩基配列による情報の伝達可能な自己増殖が始まり、高分子的な蛋白質の形成とそのＤＮＡへの転化により、軌（奇）跡的に中心と周縁の固有なる原始（核）細胞が形成され、無機物‐有機物‐原核生物‐有核生物‐多細胞生物へと連続する、存続可能な「生‐

気」生命の誕生につながった、とみなされている。このような原生命生成の軌（奇）跡は、おおむね古生物学的な仮説や推測[47]によるが、そこに科学的実証性を求め、実験的にコアセルベートのような、高分子化合物から「生‐気」細胞を作り出すことは、奇跡に近い包括システムに拠らざるをえないとしても、生命科学の不可避の課題となるであろう[48]。

次いで人類誕生に至る「軌（奇）跡の物語」については、とりわけエロス的な気の力による生命衝動という高次元的な観点と環境コミュニケーションという構造主義的かつ生物学的な観点からのアプローチが欠かせない。そこでは、たとえば胎生人類の起源の仮説[49]によれば、ある種の生物場において、ジュラマイヤーという卵生の小動物の有するPEG遺伝子がレトロウィルスとカップリングし胎盤を形成するようになったという、また進化論的な推論によれば、光合成および呼吸の機能を獲得した有機的な「生‐気」生命体が、自らが具有するエロス的な「爆発力」と無機的な気から受ける抵抗力によって、しだいに「生‐気」生体の機能と構造の多様化と複雑化をはかり、高度な器官や臓器を形成し、植物から動物へ、そしてついには人類誕生に至ったという筋立てが考慮されよう。

なお以上の「生‐気」生命生成の運命的な軌（奇）跡は、人体における生殖と胚の発生においても縮図的に見られる。子宮の場において双対のミクロなる「生‐気」すなわち卵子と精子の奇跡的に合体（癒合）した「交‐気」受精卵（原胚子）が、胎盤を場として種のゲノムの包括システムに基づき内・外・中の胚葉へと分裂し、それぞれがさらに分裂・統合を繰り返し、消化管や気管、脊髄や脳、また骨格筋や心臓などの諸臓器・器官を形成し、そうして有機的な新しい「生‐気」生命体を創出していく。なおこの過程には、細胞核と細胞質、肝臓と消化器系、大脳と神経系および心臓と循環器系といった個別の、さらには生命誕生に直接関わる生殖器‐循環器系統、あるいはベルグソンの指摘する生命の衝動や「爆発力」を促す中枢神経 - 感覚運動系統などの、諸組織・臓器の間の中心と補充の役割を担う周縁との統合的かつ複層的な「気 - 層」関係が認められる(50)。

ベルグソンは、生殖や発生のみならず遺伝や「進化」などの、「交 - 気」的かつグローバルな生命現象に関しても、遺伝を生命の連続性（意識 - 持続）により胚から胚へ移りゆく流れとして、また生命進化の相分岐せる異質な諸方向を〈昏睡〉〈本能〉および〈知性〉を以てとらえ、それを〈ブラックホール〉や〈ビックバン〉あるいは〈熱死〉なる現象に関連付け、〈根源的抑圧〉や〈胚種的過流〉を以て、構造的かつ高次元的な観点から解釈した。そのような彼の卓越した観点は、非連続なる三次元的機械論はもとより全体の計画の実現のごとき観念的な目的論をも越（超）えるものであり、唯物的空なる気の世界観および気の宇宙論形成においても重要な知見となるであろう。……とはいえ、彼の生命論には、なおも病気や老化および死に及ぶ生命の宿命性に対する実存的な観点が抜け落ちており、またラズローの生命論とともに、生命科学の人体細分化に対抗する有機体説やルネッサンス期の形而上学的身体論あるいは融和的生命思想などとともに、なおも超次元的な神的「調和」なる「潜勢的幾何学」の領域に拘束されており、いずれそのさらなる脱構築および空的還元は避けられないであろう。

ところでラズローの「地球生命系の自己調節能力」説は、J・ラヴロックのガイア（大地：Gaia）すなわち〈地球生命圏〉という、地球を一つの生命体としてみなす発想と通底するものであり、ヨーロッパ近代科学とゲシュタルト形而上学との合成思想に基づいている。ラヴロックは「生きとし生けるものすべては全体で一つの生命体をなしている(51)」ととらえ、「地球の生物、大気、海洋、そして地表は単一の有機体とみなしていい複雑なシステムをなし、われわれの惑星を生命にふさわしい場所として保つ能力をそなえているのではないか[52]」と考えた。ガイアとはしたがって、彼によれば、たんなる擬人的なレトリックではなく、むしろ唯物生命科学的に「この惑星上において生命に最適な物理化学的環境を追求する一つのフィードバック・システム、あるいはサイバネティク・システムをなす総体[53]」であった。さらに彼は、かかる総体の維持すなわち地球生命圏の安定のために、人間的営為や人間社会の役割を重視し、たとえば従来のオールタナティヴ・テクノロジーやソフト・エネルギーパスなどを含めたアプロプリエイト・テクノロジー（適正技術）の開発や、破壊的で貪欲な同族意識やナショナリズムを排し、民主的な人間による「生き物の共同体」の創設の必要性を説いた[54]。それは、人間中心主義さえも排したまさに現代思想に相応しい、卓越した科学的形而上学による一大知的ゲシュタルト、すなわち自余の観念論的あるいは科学主義的な地球生命説を止揚する高次元的な「生 - 気」生命の「統一論」でもあった。権威的な諸専門学の枠を超えた彼のラジカルな思想的スタンスが、丸山真男も言うような、「タコツボ型」ならぬ「ササラ型」のハイブリッドな包括的な世界概念に基づいた次元的論考を可能にしたのであろう。

大気をはじめとする地球の多種多様な無機物の特性を観察することから出発し、生命の「進化」に関しては微生物など最下等とみなされる「生 - 気」生命の役割に注目し[55]、さらに従来の地球物理学や生態学などの専門諸学に巣くう非政治的環境主義をも超え、人間生物の政治社会的な営為をも取り込んだ、かかるラヴロックのガイア仮説に基づく卓越した試論。だがそれは二一世紀以降の思想として充分耐えうるかというと、そうとは言えない。そこには形而上学ゆえの大きな限界が見られる。彼が地球を有機的一生命体とみなすことで、たとえば地球温暖化やオゾン層破壊の問題など地球環境に及ぼす人為的な影響の大きさに目を向けさせたことは評価されるが、しかし彼の形而上学的生命論には、人為的な出来事の影響を地球大の生命圏に解消しその重大性を減殺してしまうところがあり、かつての国家有機体説のごとき全体主義的陥穽に陥ってしまう危険性をはらんでいた。その原因として二点ある。一つは、彼の唯物的自覚の不徹底性により、大きな地殻変動が生命圏の意向によって左右されるという生命力の過大視にある。このような言説には、地球誕生から生命系の創出に至る一連の唯物的進化の意志や諸システムが諸生命を規定しているという、唯物的自覚に基づく被規定的な観点がないこと。(56) もう一つは、彼のせっかくの社会民主主義的観点が、核装備や資本の論理に対する寡少な見積に見られるような社会思想的知見の「弱さ」にある。そこには生命や社会の役割や意義づけを重視しながらも、いまだ十分その何たるかに肉薄できていない思想的限界が読みとれるであろう。

近代生命科学的な解釈に還元されない存在論的な意味をもはらむ、アリストテレスのエンテレケア説(生気論)を初め、ライプニッツの有機的モナド論、ベルグソンの生命持続説、そしてラズローの「自己調節能力」説やラヴロックのガイア仮説にしても、そこに一貫して認められる高次元的な生命概念は、ギリシャーヨーロッパの神的形而上学の思惟の下にある。そこでは有機生命は、物質と精神あるいは唯物と唯心の、さらには連続と非連続との、神によるカップリングの調和化された中 - 間的結晶として概念化され表現されている。科学的生命観は、かかる結晶のみをクローズアップし対象化(即物化)することで、生命をアナロジティックな自動機械として読み取ったにすぎない。なおその極端な解釈が人間機械論であり、その拡大応用例が神経生命的自動制御装置に基づいたサイバネティクスである。それは、ある目的を達成するため、医科学、生命科学および工学や社会学など学問技術の多領域に渡り、コンピューターやシミュレーションを介して統一的に人間の身心、宇宙、自然および社会機構・制度と、生活世界全般に適用および応用されるシステムであり方法である。ゆえにその現代文明に及ぼす影響は甚大である。それが神の予定調和のアナロジー的域内で成立しているだけに、その自覚の希薄なままでの導入は、超次元的かつ全体主義的な観念を植え付けることにもなるであろう(57)。

地球上の自然や社会の歴史を、その悠久の遠点において宇宙の過膨張などによる宇宙終焉（ビッグリップ、ビッグクランチ、ビッグフリーズ……）と結びつけ、演繹的な調和論よりもむしろ宿命論的不調和論や矛盾論によってとらえることの方が、はるかに「生‐気」生命の存続にとって適切であるかもしれない。その点では、サイバネティクスの理論にしても、ラヴロックの過剰な生命形而上学的な仮説よりもむしろ、生命存続を熱力学的エントロピー説(58)により、いわゆる宇宙の「熱死」に至る「幸運な偶然事」とみなし、「耐性」や「エントロピー」の問題として理解していく、そのようなサイバネティクス理論の元祖N・ウィナーの観点こそが重視されるべきであろう。彼の「熱死」を前提とした機械主義的ヒューマニズムは、絶えまない地殻大変動や世界大戦などによる一挙膨大なる人間生命の喪失を地球の忍耐能力や恣意的な意志の問題としてとらえるべきことを、そしてそれゆえに「交‐気」的通信の重要性を知らしめるものである。

生世界での自己調整能力や開放系の非平衡熱力学説が重視されるのは、あくまでもその前提の下においてである。重要なことは、マクロ的気たる地球の「意志」の、その「調和」「調整」能力に驚嘆しあるいは依存することよりも、地球がなおも我々の生命を奪い、またこれまで我々人類が行ってきた数々の破壊や汚染により自らの耐性能力を減じてきた歴史的現実を直視し、率直な反省と有効な対策を以て対応していくことにある。ラヴロックの量子論的観点のない地球生命論では、自然災害や食物連鎖および「共食い」の避けられない、したがって宇宙や地球の「意志」が、個々の「生・気」生命の生滅にはいかなる関心をも示すことはないというリアルな絶対矛盾的な事実性および無限矛盾的な繰り込みシステム[59]に対する認識と自覚が余りにも乏しい、と言わざるをえない。

ラズローの量子論から「生・気」生命進化に及ぶシステム統一論とは、これまでの数理物理学的統一論の限界を超えるものであったが、それが既成の理論・言語を接合していく固有「システム」論でしかなかった。そのため、たとえばミクロとマクロの関係論はアナロジー論や写像論の域を超えず、地平的かつ次元的総合を目指す気の宇宙論のような、ミクロ即マクロなる観点や解（改）釈には及ばなかった。気の宇宙論にあっては、当初よりマクロとミクロの観点は相対的なものでしかなく、ミクロ的には対関係にある極微な素粒子やかかる素粒子を中心と周縁に配する原子が、また古代哲学のいう火や水などの可視的な自然元素が、さらにまたマクロ的には恒星と衛星を中心と周縁に配する、膨大な量の素粒子や重粒子などにより構成された天体自体が、いずれも相対的な唯物的空なる気の特性を示す点では同じレベルにある。すべてが「相即」の関係にあり、我々の住まうこの惑星すなわち地球は、マクロな太陽（系）の一衛星として旋回するミクロな気であるが、我々人間からすればマクロな気や場となる。このようなミクロとマクロの相対的かつ重層的な関係は、天文学的スケールのスパンを以て無限に存在する。[60]しかし重要となる観点は、何よりもこのような関係を関係として認識する、マクロにしてミクロな多次元的な気の織物としての、また高次の「生・気」生命を構成し万象の中心をなす人間身体にある。

マクロな地球の意志（力と動態）が、個々のミクロな生命体の生存意志に関心がないだけに、「生

・気」生命間においては融合や調和以上に、衝突、破壊、争闘は避けられない。しかしそれでも人間身体には、知的および情動的なコントロール能力が賦与されている。「生・気」生命の未来存続の保証がないとしたら、先ずは人間の知的能力に頼るほかない。科学も政治も他の分野のいずれの学問も技術も、「公・共」的には常に「生存・共生」を目指すという任務と、いかなる「宿命」に直面しても「犠牲」を最小限にとどめるという責任を負っている。また情動的にも、多次元的な唯物的空なる気のエネルギーが、准・三（高）次元的な宇宙の内発的な物理的エネルギー（ダークエネルギー、真空エネルギー……）としてだけではなく、高次元的な「交・気」エロス的エネルギーとして作用していることに留意し、殺生・被殺生の絶対矛盾的な「生・気」生命の宿命性においてなお、人間身体を中心に諸「生・気」間の複雑な利害関係を踏まえ、適切な取捨選択およびコントロールを遂行していくとともに、種や類を貫く生きとし生けるものとの交感や共生の強度をも高めていく責務が課せられているのである。

古代中国では人間身体を構成する一気・双対の気は、内発的な力を媒介に多数の経脈・経穴を通して、身体外部へと発散される[61]、内・、間・、超・身体的対他的な「交・気」としてみなされている。そこには〈単独者〉の私秘的な宗教を超えた、かつ個としての身体を超えた高次元的な気と身体の卓越した了解が見られる。とはいえ人間の具体的な唯物的空なる心的および社会的様態が示されたわけではない。諸「生・気」生命世界の適切なコントロールのためには、現代版：気の思想の下に人間の「交・気」能力による、精神的および社会的な気の「公・共」的様態や関係性の解明が求められねばならない。

〈注〉

1 なかでも虚無主義と不可知論を唱えたゴルギアスと、「人間は万物の尺度である」と述べ、認識論的相対主義を貫いたプロタゴラスは知られている。

2 主として『医の哲学の世界史』第2章参照。

3 ここでは具体的には、いわゆる教父哲学やスコラ哲学などによる、キリスト教とプラトンやアリストテレスの哲学との結びつきを想定している。

4 拙書『新・世界史の哲学』で、「なお、キリスト教スコラ哲学者たちによって、絶対神を頂点としてヒエラルキー的に分断された自然法は、後に、近代唯物的合理思想によって転倒され、社会契約説と結びついて、新たな近代市民法として体裁を整えていくことになる」（一二九〜一三〇頁）と述べている。

5 具体的な「場所」を意味するギリシャ語。

6 『西田幾多郎Ⅰ』六五〜七二頁参照。

7 右同書、七七頁参照。

8 『デリダ』（『ティマイオス』引用箇所、九四〜五頁）によれば、コーラとは「すべてのものの刻印が刻まれる地の台」であり、「あらゆる生成の、いわば養い親のような受容者」「目に見えないもの、何でも受け入れるもの、なにかこうはなはだ厄介な仕方で知性対象の一面を備えていて、きわめて捉えがたいもの」である。まさに唯物的空なる場所。

9 『医の哲学の世界史』二二五〜二三五頁参照。

10 『医の哲学の世界史』七三頁他参照。

11 このテクストは、政治思想的にラジカル（不耕貪食・平等主義）であったが、明治維新を目指す幕末当時の思潮（神国の下での平等主義）と大きく異なるものではなかった。しかし気の思想に関しては、従来の気が「進・退」「通・横・逆」さらに「神・精」など、多様、多方向かつ多次元的に変化する気として改釈され、その発展に及ぼした「功績」は大きい。

12 ヴェルトハイマーによる法則であるが、ゲシュタルトが最も安定的な最終的平衡状態として成立しやすい要因として、近接性、類似性、よい連続性、閉合性、共通運命性などの「図」のパターンを挙げまとめたものである。

13 彼は「……聖霊の御意志は天界にどのように行くかを教えることであって、天界がどのように運行しているかを教えることではない」（「偽金鑑識官」一〇三頁）とし、自然界の火・水・土の元素を、デモクリトス同様微粒子（アトム）としてあくまでも唯物的にとらえた（同五〇四～六頁参照）。かくして彼の物理学の思想的モチーフには予め「調和」の概念がスライドされ、何よりも物体相互の位置関係に依存するモーメントの概念と、すべての外力、重さ、モーメントの和を集約する固有の点および場所（重心）という、「釣り合い」を前提とした相対性原理と場の論理が重視された（「レ・メカニケ」二一九～二五頁参照）。

14 具体的にケプラーの惑星の法則として、面積・速度の一定の法則、軌道は太陽を焦点とする楕円、公転周期の自乗は軌道長軸の長さの三乗に比例など、がある。

15 彼は、宇宙の「壮麗な体系」は、時間と空間をも構成する万物の主たる永遠無限にして完全なる「至高の神」の支配によるものであるとし、至知至能のかかる気（スプリートッス）の力と作用によって、機械的物体現象が生起するなど、と考えていた（「自然哲学の数学的諸原理」五六一～五頁参照）。

16 万有引力とは、太陽と地球との質量の積に正比例して、相互の距離の二乗に反比例する力。

17 『科学と仮説』全般、特に七六頁参照。

18 『数学‐その形式と機能』一二一頁。

19 正の曲率を有するリーマンの球面幾何学と、負の曲率をもつロバチェフスキーの幾何学がある。

20 両理論を一般的に説明すれば、等速度で運動し合う系どうしの間の電磁的な現象を扱う特殊相対性理論と、相互に加速度を以て運動する系どうしの間の電磁現象を扱う一般相対性理論とも言える。前者ではエネルギーと質料が等価となり、後者では加速度と重力が等価となる。いずれにしても、時空の座標を変換させ、その同質化および一体化により数理物理学的な四次元時空の概念を成立させた点では、共通する。

21 『特殊および相対性理論』二〇三頁。

22 『よくわかる《量子力学》』他参照。なおこの場合、ハミルトン‐ヤコビの波動方程式（偏微分方程式）で函数的に表現されうる。

23　例として、位置と運動量、時間とエネルギー、および電子「軌道」の不確定性などが挙げられる。

24　偶然性や確率をも配慮した准・三（高）次元的な観点は、量子論や相対性理論の宇宙物理学のみならず、今日ではたとえば「スケールフリー性」（従来のネットワーク理論に時間性や主体（方向性）の高次元的な概念を導入することで出現）を採用および応用する社会学的理論や思想にも見られるようになった（『ゲンロン0　観光客の哲学』一六一～七八頁参照）。それはまさに物象的世界観から事的世界観への発展的展開を示すものであろう。廣松は、『事的世界観の前哨』において、「「物的世界像から事的世界観へ」の推転を基礎づけるべく、……相対性理論ならびに量子力学の提起した認識論的＝存在論的な問題次元を対自化する。「事的世界観」というのはもとより世界の総体にかかわるものであっていわゆる自然界はその一半にすぎないが、……」（序文）と言い、さらに「われわれは事象の共時的な存在規定だけでなく、むしろ通時的動態相での関係の第一次性を問題にしていくものである」（二三〇頁）と述べている。

25　右同書、二二七頁。

26　なおこの著書の画期性は、「「科学的確実性」という観念こそが、結果的には確実性の喪失を人間にもたらす」、したがって「私たちが獲得すべきは、科学の本質を問うことが人間を問うことになりうる論理であり、その論理を方法として語りうる認識です」とするスタンスにある（七七頁参照）。

27　たとえば、複素数の導入は元の体系では必ずしも解をもたない方程式を解く必要から生じ、その結果数学の視野を拡大する（『数学――その形式と機能』一四八～五四頁参照）ものであり、そこには調和を求めてやまない形而上学的欲望が働いている。

28　そもそも宇宙論 cosmology とは神話的宇宙創成説に発しており、古代ギリシャでは「宇宙」はギリシャ語の「秩序」（反対語は混沌 chaos）に由来し、ラテン語ではユニバース universe「一つにまとまったもの」を意味していた。その言葉には、したがって当初より神的数学的調和の概念がスライドされていた。

29　重力波とは、「時空（重力場）の曲率（ゆがみ）の時間的変動が波動として光速で伝播する現象」であり、近年それはブラックホールどうしの合体により検出され、次いで中性子星どうしの衝突によって観測された。その他については、『宇宙論』一七二頁、他『宇宙のしくみ』など参照。

30　ローレンツの変換（時間軸を加えた式）の定位により、異なる基準体（座標系）の二つの矛盾が解消された。さらに〈近傍〉を含む従来の三次元的連続体に対し、時間軸を虚数とすることで四次元連続体（ミンコフスキー）が形成される。いずれにせよそこでは電子という物体運動の方向に時間差を消すだけの収縮が起こるという仮説が成り立つ。とすれば、もはや空虚な空間とかエーテル存在説は不要となる。以上詳しくは『特殊および相対性理論について』参照のこと。なお、四次元連続体という発想自体すでに座標系の回転が示唆されており、ユークリッド連続体を超えた一般相対性理論により、物質・エネルギーの密度が限界よりも大きくなった星が、重力に耐えられず光りの出てこない〈ブラックホール〉になるという仮説が唱えられるようになった。

31　ホーキングは、『ホーキング、宇宙のすべてを語る』のなかで分かり易く、重力場における量子の揺らぎ（仮想的な粒子とその反粒子の対関係）や高次元的なひも理論などについて語り（二〇一～一七頁）、統一論に関しては〈人間原理〉が配慮されるべきと説いている（二一二～三頁）ので参照。

32　『ホーキングの最新宇宙論』の中で、ホーキングは「空間と虚時間が一緒になって、広がりは有限でありながら、境界や端や特異点を持たない時空をつくることができる」（一一八頁）と述べている。なお虚時間については、彼は、それはブラックホールからホワイトホール（ベビーユニバース、ワームホール）に至る過程において発生するが、実時間とは垂直的かつ相即的な関係にあるとみなしていた。このような彼の次元的な理論は、超弦理論とともにまさに唯物的空の物象面を物語るものであるが、同時にそれは超次元的な世界とも依然親和的でもあった。それは、「なぜ私たちや宇宙がこのように存在しているのか」という疑問に答えを見つけるならば、……そのとき私たちは神の御心を知りえる（『ホーキング、宇宙のすべてを語る』二三四頁参照）などといった、ホーキングの神的形而上学的言説によく示されている。

33　『身体性の幾何学I』一一二頁。そこでは彼は、〈特異点〉を物理学の盲点とみなし、無限遠点としての物理学的実在と観測上の行為における無限大の天球面との二律背反的パラドックスをはらむ対称性を指摘し、さらにそれが人間意識における時間と空間の反転関係を示すと述べている。

34 天人合一説は孟子の「人は天と一体であり、天意にしたがうべきだ」という教えであり、物我一体説とは、荘子の「物と自我は一体である」という自然の平等な境地を語ったものである。両者の理解には、まさに「天（神的）」と「地（自然）」の差があるが、いずれも〈気〉を天地に充満するものととらえている点では、同じ一気の境地にある。なお〈理〉とは、天や物の理法にすぎないが、後に仏教思想の影響を受け重視されるようになり、〈事〉や〈気〉とともに論じられた。

35 老子の説では、有の道すなわち一を意味する。

36 谷口は、「宇宙進化はバリオンではなくダークマターによって決められていた」（『宇宙進化の謎』一六五頁）と述べている。その他、竹内『宇宙論』等参照。

37 『創造する真空（コスモス）』八五～七頁他参照。

38 右同書、一一一～二、一九八～九頁参照。なお第五の力の場とは、強い核力、重力、二種の電弱力に次ぐ、五番目となる究極の最および超弱力の場を意味する。

39 なお「統一論」という点では、東京大学によるＩＰＭＵ（数物連携宇宙研究機構）における、数学、物理学、天文学などの分野の壁と上下関係の権威の壁を打破し、学者間の横断的学際的な連携を深める試みは、画期的と思われる。しかしそのさらなる統一論へと進むためには、その他の地球物理学、生物学、人類学、生態学さらには社会学などの他の分野との連携は欠かせない。気の宇宙論は、まさに学問の中心と周縁の関係の、統一論的な意義と意味ある在り様にも迫るものである。

40 'THE TAO OF PHISICS' 二三一～四頁参照。

41 ちなみに右同書で、現代物理学が相対性理論と量子論によって、東洋哲学・宗教の基本思想と同じ世界観をもつようになった、というようなことが述べられている（一八～九頁参照）。

42 山口昌男が、「中心と周縁」の関係を、秩序の中心と排除および抑圧された周縁の関係とみなし、文化人類学の基本概念として社会や文化の構造分析に用い、さらに多様な文化的および知的事象の理解に援用し展開した。しかしこの関係の基盤はその唯物的空性にあり、万象がその「反映」であり「由来」であるということ。この自覚と理解こそが前提になければならない。

43 『創造する真空（コスモス）』六九〜七〇頁。
44 右同書、二六二〜四頁。
45 『構造主義進化論入門』二一一〜二頁参照。なお「ルールの設定」に関して、ロバート・ポラックは、DNAを司令塔およびテクストとみなし、「DNAの共通語、それぞれの生物が進化させてきた独自の言語、そしてそれによって各々が主張しているものを学ぶべき時が来ている」（『DNAとの対話』二三頁）と述べ、言語と遺伝子をアナロジックに語っている。
46 大野乾は、生命の自然発生のためのアプリオリな二つの条件として、次の二つを挙げた。1．分子雲の組成のなかに、分枝酸素が存在せず、還元性のある有機化合物が含まれていたからこそ、アミノ酸、塩基、ペントース、ヘキソース、脂質が生まれた。2．二対の塩基の間に存在する水素結合による相補性があるため、核酸が増殖可能となった（『生命の誕生と進化』一四頁参照）。
47 原核生物や真核生物の発見は主に先カンブリア時代の微化石群の分析による（『生命の誕生』七三頁参照）が、進化という点では、原核細胞と真核細胞との共生説や古細菌から真核（細胞）生物への発展が生物化学的な観点から明らかにされつつある（『人間への進化』他参照）。
48 なお、江上不二夫による〈原始細胞様構造体〉は、外部から取り入れ自己形成させる点では、類細胞体をつくるだけのコアセルベート（オパーリン）やプロティノイド微小球（フォックス）よりも、生細胞生成に近づいたという印象を与えた（『宇宙と生命』「生命の起源」参照）。
49 想定一億六千年前の恐竜時代という途方もない時代の話。
50 ベルグソンの知見については、『創造的進化』八九頁参照。
51 『ガイアの科学――地球生命圏』三三頁。
52 右同書、一一頁。
53 同書、三六頁。
54 同書、二四六〜二七〇頁参照。
55 特に同書一八一〜二二一頁参照。なお彼は、ガイアの自己調節活動および地球恒常性の確保において、微生物とともに、その最大の発生源でもある大陸棚の役割を重視する。

56 この点については、松井孝典は『地球・46億年の孤独』の中で、現在の地球を快適な温度に保っているのは、二酸化炭素の循環という、生命誕生以前から地球が持っていた環境維持システムが本質的な役割を果たしているのであって、生命はそうした循環システムの一ファクターにすぎず、生命が地球環境をコントロールしてきたのではない（二四〇頁）、と批判している。

57 神的形而上学とサイバネティックスとのアナロジーについては、『情報科学の哲学』三八～四〇頁参照。

58 ドイツの物理学者クラウジスによれば、エントロピーとは熱力学の状態量のことを言い、ある系が微小量の熱を得たとき、その熱量を物体の絶対温度で割ったものをエントロピーの増加とみなされた。なお熱力学の第二法則では、孤立系においては、エントロピーは減少することはない。だからこそサイバネティックスの意義がある、ということにもなろうか。

59 池田は「生きているシステムというのは、無限矛盾繰り込みシステム」（『構造主義進化論入門』一五三頁）と述べているが、至当な観点と思われる。

60 ちなみに現代宇宙物理学の知見によれば、直径が、10の25乗メートルが宇宙、21乗メートルが銀河、13乗メートルが太陽系、7乗メートルが地球、マイナス5乗メートルがバクテリア、マイナス10乗メートルが原子、マイナス5乗メートルが原子核をつくっているクォーク、そしてマイナス35乗メートル（プランクの長さ）が超ひもとなる。なお、ミクロ的な観点からすると、人体の粒子（陽子と電子）は10の29乗個より成り立っていると言われている。

61 古代中国の『黄帝内経』の中の「五臓六腑説」と「陰陽二気説」による。詳細は『医の哲学の世界史』三六頁参照。

第五章　気の流れと「公 - 共」性

「多種多様にして重層的多次元なる気の無限に流れる唯物的空なる宇宙パノラマが、この生活世界に映現している。いわゆる「公 - 共」的な認識は、命運的なこのパノラマ像の容認を礎とする」（著者）――「わたし（われわれ）」の、人間を中心に展望される唯物的空なる気の生活世界は、唯物性、生命性、エロス性、社会性、精神性をはらむ「交 - 気」的なパノラマを呈している。であればこそ社会および理論の「公 - 共」性の形成は、各々レベルにおける気の様態を解明し、ラズローの限定の准 - 高次元的な統一的システム論をさらに乗り越えた、地平的かつ次元的総合によるより高度の統一論を要請するであろう。

1 「火 - 気」とマグマの論理と身体性

人類の文明の発達という点では、ラズローも指摘したように「火」、すなわち古代中国の「五行気」の中でもとりわけ食生活を飛躍的に進展させた「火気」の果たした役割は重大である。そもそも火および火気は、古代東西の自然哲学思想において万物の元素として特に重視され、現代の宇宙物理学的知見においてもあらゆるものの生滅に温度上昇にともなう宇宙や空気の膨張、爆発、核融合現象などの高温火炎現象が関わっている。地球誕生にしても、超新星爆発により原始太陽系星雲ガスが発生し、その冷却と凝集により固体化した多種多様な惑星間の衝突や合体を経て、地球なる惑星が火気たる太陽（中心）の一衛星（辺縁）として生成してきた。さらに原始地球上においても微惑星の衝突・発熱により、蒸発した水と二酸化炭素が地表に漂い濃密化し大気とマグマの海を形成し、いずれ温室効果により生命の生成およびその存続可能な現在の地球へと進化してきたと、みなされている。[1] まさしく万事象が唯物的空なる「火・気」の内発的エネルギーや動態を中心に展開しているかのごとくである。

　気の特性によれば、「火・気」もまた絶対矛盾的自己同一的であり、破壊と生成および分散と集合により不安定の極みにおいて絶えず安定（冷却・変容）を指向し、自らの固有化、非固有化、再固有化なる転移性を促す。地球の火気火炎の象徴は何よりもマグマであるが、それは原「火・気」の集合体としての「火・気」であり、原始地球が自らの冷却の過程においてそれを「保存」と「分散」の二様に「進化・変容」（「熱的歴史」）させ、現地球の非固有なる固有性を、中心と周縁の関係性の下に、不安定な安定性を以て支えてきた。もとよりこの過程の先行要件となったのは、「保存」による中心の形成にある。

　マグマは地表温度の低下とともに海から消失し、高温なる地殻の下層にあるマントルとコア（核）の中で固形化あるいは流動化され、内部エネルギーをたくわえたまま「保存」され、地球の中心（重心）的役割（保温効果含めて）を担うこととなった。エネルギーとはこの場合「火・気」マグマ自身の冷却安定への意志力を表すものであり、それは地球上諸「生・気」の生成の条件となりつつ、同時に個々の生存欲求にはおよそ関知することなく、絶えずプレートを介して地表へと噴出の機会を窺っている。プレートニクスとは、このプレートを生産する噴火（海嶺：海底山脈）やプレート間のズレにより起こる地震（海溝）など、プレート運動と、それに付随して多様な自然現象が生起することを総称したもの。わたしはそれをこれまで、擬人的に天体の〈進化‐変容〉の過程を担い、マントルからの熱を宇宙空間に逃し、自らが安定しようとする地球の意志すなわちその中心を担う「火‐気」マグマに内在する意志とみなし、それが一定のメカニズムを有することから「マグマの論理」と呼称してきた。(2) なおそれは隠喩にして非隠喩なる事実に基づいている。

マクロ的気：地球の意志は、地球上諸生物の生滅の命運を握り、ガイア仮説のごとくアプリオリに調和をしこうするものではなかった。たとえば原始生命が「火‐気」的超高（好）熱菌だったともみなされているように、それは、諸生命体生成や存続の条件を担保しうるが、あくまでも超新星爆発より形成された地球の「進化（冷却）‐変容」の「マグマの論理」の恣意的な気の意志および力の及ぶ範囲内のことでしかなく、地球上の諸生命体をも含めた有機的な全体の意志を代表するものでも総称するものでもなく、諸生命体や人間の意志とは全く別次元のものである。事実地球の意志すなわち「火‐気」マグマの論理によって、地球上に例年噴火や地震および津波のみならず、台風や熱風および洪水、土砂崩れあるいは飢餓や伝染病がもたらされ、幾多の地域で多大な数の人間や生物が死に絶えていく。このような「事態」は、地球の意志にとっては、自らの過程上の諸結果にすぎないが、生命体側からするならば、「悲劇」以外の何ものでもない。とすればこのような事態を宿命としてのみ諦観するのではなく、類的叡智の限りを尽くし、当の「火‐気」やマグマの論理を多次元的に見極め、限りなく適切な対抗と享受の在り様をはかっていくほかない。

　地球の意志が生成、進化そして滅亡に至る宇宙の壮大なる過程の一担い手としての意志にすぎないとしたら、おそらく地球は宇宙のビッグリップや熱死に至るはるか手前で消滅してしまうであろう。とはいえそのような無限はるかな科学的宿命物語を以て、ある意味極限的な生を生きる現存在の生活意欲を殺いでしまうほど愚かなことはない[3]。実生活の切実さは、気の遠くなるマクロ的スパンの未来ではなく、人類にとってのあくまでも当面する事象の近‐未来にこそある。宇宙物理学や諸科学がその高度専門性を誇り、大衆の好奇心や宿命感を煽りあるいは強迫観念を植え付けるだけで、地球内共存在の自覚を高めることにならないならば、そのような学問の存在意義は一体どこにあろうか。自らの認識の限界や存在の被規定性を問い、諸知見を権威あるアカデミックな学界通有の専門用語を以てのみ言説化するのではなく、むしろ関連の知見を大胆な翻訳や改釈を通して日常言語化していく自由にこそ、「学問」の本義が存するのではないか。その意味では、多次元的な生活世界に根差した、脱構築や空的還元過程を踏まえた当テクストは、まさに自由な「学問」の一つの証となりうるであろうか。

　地球生命体としての生活者は、地球の中心「火‐気」マグマが辺縁たる地表の生態系に及ぼす生滅の論理からも、また生態系自体に内在する「食物連鎖」の論理からも自由とはなりえない。だがそれは論理である前に過程であること、この点に即するならばなおも「生‐気」生命の「共‐存在」的存続を我々の究極の倫理的課題とすることの意味や意義は大きいと言わねばならない。もとより過程も必然性を帯びる。「火‐気」マグマの地上での「分散‐変容」過程において、生態系の形成過程（様式）はおおむね付随的である。現在の地質生物学的知見によれば、原初の地球を覆っていた超高熱のマグマが、冷えて固まり岩石（当初はしたがって火成岩）となり、後に侵蝕され砂粒化されあるいは堆積され、地殻および「大地」が形成された。他方蒸発したマグマは、「火・気」分子：二酸化炭素を発生させ、その利用により単核「生・気」細胞が生成し、大地を生物場として嫌気性の微生物や藻類などが誕生してきた。さらにこの原初的生命体が自らの栄養源および熱源を得るために、二酸化炭素を太陽から発散される「光」とともに体内に吸収しいわゆる光合成をおこない自活するようになり、他方結果排出された酸素や窒素などの気分子が大気に蓄積され好気性なる生物が生成し、しだいに生態系の基盤がつくられていった。なおこの好気性「生・気」生命体が発達していく過程とは、無機的および有機的な唯物的諸気を栄養源として自らに繰り込むために、他の「生・気」生体を摂取するという、いわば食物連鎖の関係を組み込んだ宿命的な過程でもあった。

この食物連鎖の論理的な関係は、冷厳なる宿命として享受するほかないにしても、問題は、苦痛や憐憫の「心・気」感情が同時に「生・気」生体に組みこまれている点にある。またそこに我々人間には矛盾や不条理を懐く倫理的情動が発生してくる。確かに「火・気」が破壊と創造の象徴であるように、人間にとっても加熱した食や燃えるエロスは、「快」をもたらす。すなわち対他の「生・気」生体を破壊（殺生や侵犯）することで自らの生体を成長維持させ、あるいは新たな「生・気」生体をも創造させていく。とはいえそこでは不快や矛盾の情動もまたつきまとう。とすれば要請される方法的倫理は、対他的「生・気」生命体に対し「破壊」を少なくし感謝の念をかけつつ、生態系の維持と発展に賭けるほかない。課題はまさしく絶対的矛盾（宿命性）を踏まえ他者に配慮しつつ、いかに非固有の固有性としての自己の同一化や創造をはかっていくかに極まってくるであろう。

ところでモナド論には、「火・気」の発想がない。前述（三章4節）したように、西田は、ライプニッツの、アリストテレス由来の実体的個すなわち窓なきモナド論に対し、〈絶対無〉の立場から、窓がないままに相互の根底において「絶対の他」として交通し合うことが可能なモナド論を対置し、いわゆる創造的モナドロジーを展開した。それは高次元的な「火・気」の創造性を考える上で参考になるが、しかし西田の場合アリストテレスの個物主義をプラトニズムの理想的普遍主義に引き戻したすぎず、結局個的外面的な交通が捨象されたままであった。せめて西田はモナドを窓のあるモナドすなわち「交・気」として多次元的にとらえ、彼の実存的止揚であった〈絶対矛盾的自己同一〉の論理を唯物的に転倒させ、かかる創造的モナドにこそ託すべきであった。すなわち変幻自在の「裸のモナド」が宇宙世界の中で、絶対矛盾的に自己同一化しようとする強力な「火・気」的エネルギーを以て、すなわち「火・気」的モナドとなって相互の分裂・破壊・融合を発生させ、自らが熱的変容（熱・、暖・、寒・、冷・気）を巡歴するという、また最高の熱的状態にある太陽とその影響の下にある地球を場として、「生・気」生体内においては、ミニマムの熱的レンジで同様の変容を示し、しかし同時に高（超）次元的な社会的かつ精神的な営為の奇跡をも創造していくという、西田はせめてこのような創造的「火・気」的モナドロジーこそを説くべきではなかったか。

太陽からの「火・気」エネルギーは、たんなる熱や一定の波長を有する電磁波（可視光線）としてのみ説明し尽くすことはできない。それは光合成により自活する植物系の、さらに好気性動物系の生物が生成し繁殖していったように、また「生・気」生体の社会的および精神的な営為に大きなインパクトを与えるような、何よりも種々の「奇跡」をもたらす多次元的な「光り」であるからだ。なお光りさす3D画像に収まらない高（超）次元的な転移の瞬間は、西田の非連続的な「永遠の今」にも匹敵する。それが「奇跡」となるのは、実存的主体が絶対矛盾的自己同一的にそれと直観し認識するからにほかならない。すなわち奇跡的「飛躍」の高次元的な了解は、たんなる間‐主観性によるのではなく、自己が対自的かつ対他的な絶対矛盾的関係を自覚する実存においてである。ただしそれは、西田の超次元的な絶対無（神）の場においてではなく、あくまでも「火‐気」的エロス性や精神性および共感を以て、「公‐共」性を担保する多次元的な生活世界および身体の場において了解される。ちなみにフォイエルバッハやメルロ・ポンティの言う「光り」の理解には、そのような自覚と了解があった。

進化にせよ発生にせよ、「生‐気」の生成は奇跡（非連続）であり軌跡（連続性）でもある。その根拠は、多次元的な「生‐気」生体の非固有にして固有なる身体の特性（唯物性、能力性、嗜好性、感性、機能性、空想性、遺伝性、エロス性など）においてである。なかでも遺伝による連続性とエロスによる非連続性は、「生‐気」生命の存続および創造の核をなす。もとより体温変動を伴い生滅に及ぶ「火‐気」的身体の論理は、唯物的にははるか大きなスケールとスパンを有する生滅の地球の「火‐気」マグマの論理と相似的であり、身体の論理が隠喩かつ非‐隠喩（事実性）であるのは、地球マグマの論理がそうであるのと同等である。とはいえ唯物的自覚においては、前者の固有性は後者の固有性によって支えられていることには変わりがない。

エロス的「火‐気」エネルギーは、個々の「生‐気」生体にあって、身体の絶対矛盾的「気の病（病気）」からの、自己同（統）一的なすなわち「元の気（元気）」への回復にも関わってくる。ちなみに医療において体温を司るミニマムな「火・気」的変動や「体・流」の観察は欠かせない。生体内でその中心となるのは、「火・気」的熱を発生しあるいは放散しつつ、周縁の温度（体温）を維持する固有の「気・層」すなわち物質代謝（体流）を促す肝・心・腎である。それは生命活動の、まさに肝心（腎）の臓器である。「病・気」の克服を目指すとすれば、したがってかかる中心となる臓器の働きに留意し、プレートテクニクスなどの地球マグマの論理に対する地殻・地震学や気象学などと同様、身体の「病い」の論理に対し、あるいはウイルスや細菌などの対他的諸「生・気」分子による攻撃や侵襲に対し、さらには身体の自己矛盾（自己免疫やアレルギー）に対し、医（科）学や薬学などの諸専門学を以て対抗していくことが要請されるであろう。

なお現代医学医療ではもっぱら身体の「対象化・細分化」による西洋の各科専門医科学が支配的であるが、医療の基本的スタンスとしては、個別の「生・気」生体の「火・気」的変容・変動に直接対面する、すなわち「交・気」的身体に即した東洋医学医療の方法が卓越している。して医学医療に関しても、東西の身体観を踏まえた技術的交流および思想的検証による止揚が必須となる。[4] ちなみに「覚・自」によって止揚されうる唯物的空なる身体と「火・気」を中心とした気の身体観においては、唯物的空なる「体・質」と「気・質（性）」の理解がキーとなる。すなわちDNAによって刻印された身体（肉体）の地である「体・質」とその図たる「気・質」。「体・質」は、人体の先天的および後天的なまた全体的および部分的な強弱や傾性を表す言葉や概念であり、プレグナンスする気の「地・場」となる。他方「気・質」はプレグナンスする気の強弱、大小とともに、古代ギリシャ医学で神経質、多血質、粘液質、胆汁質などと類別されたような、[5] 高次元的な多様な「火・気」的エロスの情動的特質を示す言葉や概念であり、その相互転移の柔軟度はそれほど高くはないが、対自的コントロールは「火 - 気」的な変容・変動や流れの抑制、切り替え、調整など、おおよそ空的還元の及ぶ範囲内にある。

ところで身体性（論理）は地球マグマの論理によって支えられており、「生 - 気」生体の保全・存続には、医療医学的対応を超えた地球のマクロ的な意志やマグマの論理の負の作用面に対する科学的かつ社会的な対応が求められる。すなわち前述の自然災害や食物連鎖などの宿命的な生命環をも含めた地質生物学的および生態学的な対応とともに、自然とヒトとの共棲や人と人との共生をいかに確保し、地球上の「公 - 共」性の理解とセーフティネットをいかに構築していくかという社会的対応が要請されねばならない。いずれにしても我々人類を中心とした生命体が、あらゆる負性や宿命性に対抗しあるいは耐え忍び可能なかぎりの共生（棲）を確保していくためには、ガイア仮説につきまとう安易かつ非科学的な解釈をも乗り越え、生態系すなわち「火 - 気」を中心に織り成す諸「生 - 気」の良好な対流を、すなわちマグマの論理と身体の論理の限りなく調整された循環系を創り出し、持続性の高い地球の耐性と安全性の社会的シナリオを創案していかなければならない。

2　気の社会的様態

唯物的かつ唯物的空なる自覚に基づいて、現代のグローバル化した気の社会的様態（網目）を俯瞰するならば、それは無限に多様なミクロ的かつマクロ的気の織り成す多次元的な世界として、すなわち諸気および諸「気 - 層」間の、双対的で絶対矛盾的自己同一的な、なおも〈中心 - 周縁〉化をはかりつつ、牽制、包含・排除、分裂・破壊、結合・融合を繰り返す、歴史社会的な非物象的物象世界として観察される。その構成たるや、「交・気」的なエクリチュールとしての歴史思想的な意味や意義、規則や法および制度を刻印する諸「気・層」すなわち家族、民族、国家、企業、学校、軍隊、病院、警察署、裁判所、国会さらに国連などの、共同体維持、戦争、調停などの機能を果たす社会的諸機械（機構）を以て成り立っている。今社会的シナリオの創案が、共生（棲）をメルクマールとするならば、社会的諸機械に刻印された歴史的制度的な思想の読解が重要なモーメントとなるであろう。

　ところで社会とは、広義には人間社会を中心とした諸「生・気」地球社会を意味し、その歴史的「源泉」は人類の地球上の発祥と一致する。なおこのような解釈は、近現代人間社会の言説や認識の内部に属し、西欧の知のパースペクティヴにおいて成立している。であるならば社会の歴史性の理解は、西欧出自の人類学的知を以て始めるのが適切と思われる。ちなみに人類学的知見によれば、原始民族社会における「交・気」的な社会的様態は、たとえば対外的に経済交換や女性の交換および象徴（贈与）交換などを行い、対内的には宇宙を象徴するかのような双対の（二元的）観念を形成しつつ、首長を頂点とする中心と周縁のヒエラルキー的な安定した関係を築いている。[6] 対内的非対称性（ヒエラルキーやカースト）が、対外的対称性（交換など）によって、あるいは対内的な二元的対称性によって、各々諸「気・層」が均衡化されているとも言えようか。なおこの複合的な「均衡」[7]は神話素の刻印された当時の絵画芸術などにも象徴的に表現されている。

　ただし集団間の対称的な関係については、覇権争いの勃発によりいずれ不均衡化せざるをえない。社会的諸「気・層」間の絶対矛盾的自己同一化、すなわち闘争による破壊と同化（吸収、奴隷化など）は避けられず、「未開」の民族集団は、一部の孤立した集団を除いて、破滅か強大化（国家化・文明化）かの道を辿ることになる。

時代を画す国家共同体の「均衡」「安定」もまた、共同体内部の中心と周縁との関係と、他方対外的なすなわち共同体外部との関係の、いずれも諸「気‐層」間の力の態様や強度に左右される。前者に関して言えば、たとえば東北アジアでは、その一角日本の江戸時代において徳川幕府は神的最高権威の天皇を象徴として政治権力の中心（頂点）に将軍を据え、周縁に厳格にして緻密なヒエラルキー的権力機構（幕藩体制）や士農工商というカースト的身分制度を敷き、武家諸法度や五人組制度を以て公私に渡り緻密にして強固なる「安定」した封建的国家体制を二七〇年近く長きに渡り築いてきた。また隣の朝鮮半島でも中央集権的な李氏朝鮮王朝が五〇〇年以上の長期政権を存続させてきた。とはいえ専制封建体制内部の矛盾は避けがたく、いずれ圧倒的な強度をもつ外圧に直面し瓦解する。

周知のように近世日本における江戸幕藩体制の「同一性」の破綻そして明治維新へのドラスティックな体制の転換は、近代西洋諸帝国の圧力を受け、その物的・思想的インパクトをいち早く吸収した薩長諸気分子（志士）の反体制運動によってもたらされた。なおしたがってこの運動は、抵抗のナショナリズムと西欧の民主的な思想との結びついた、ナショナルにしてデモクラティックな革命的クーデターの様相を呈した。してその思想的基調は、超次元的なすなわち「超‐気」的天皇神道のイデオロギーと民主主義、資本主義および帝国主義なる近代西洋のイデオロギーの矛盾合体にあった。結果誕生した明治維新国家は、自ずと「天皇制神道〈復古〉」と「文明開化（革新）」が混在する歪な天皇制民政によるネオ・中央集権国家となった。問題は、この強権的な明治国家が資本主義を殖産興業と軍事産業に収斂させ国力を増大させることで、しだいに欧米を凌ぐほどの帝国主義国家となり、ついには李氏朝鮮を滅亡（韓国併合）させ植民地化するまでに至った点にある。

ところでアジアの君主専制国家が封建体制を維持していた間、欧米諸国では圧倒的な軍事力（「火-気（器）」的力）の下、対外的に帝国主義的植民地主義を展開するなか、対内的には資本主義の発達とともに、絶対君主制廃絶のブルジョワ民主主義的な革命が起こっていた。その中心となったのが、資本主義社会を推進した豪商や名望家達など、経済的に力をつけたいわゆる資本家ブルジョワ諸気分子であった。すなわちかれらは中心と周縁の関係の柔軟な立憲民主制に基づいた、政治社会的自由の保証された市民社会を目指した。その結果多くの専制なき国民国家の自由な市民社会が誕生していった。しかし生産と労働の場である工場内部では、当初より資本家と労働者との階級的矛盾がはらまれていた。この矛盾が激化するとともに、低賃金と過酷な労働条件を強いられていた圧倒的多数派であった労働者達は資本家に対し権益要求の運動を起こし、それが市民社会全体に波及し資本家を擁護し支える高級官僚や政治権力者達を含めたいわゆるブルジョア階級と、他方労働者に失業者やルンペンをも含めたプロレタリア階級が鋭く対立するようになっていった。

いわゆる労働運動が激しさを増すなかで、しだいにラジカルな社会主義思想を身につけた知的共産主義諸気分子が台頭し、かれらの強力なリーダーシップの下運動が社会主義運動にまで高められていった。社会主義運動とは、ブルジョワ支配社会をプロレタリア革命によって転覆させ、階級関係の廃絶された平等で自由な社会の実現を目指すというもの。しかしいわゆるプロレタリア革命を遂行し「成功」したのは、未だ充分に資本主義も民主主義も制度的に発達していなかった専制的封建社会国家においてであり、国家権力を掌握した共産主義気分子は、結果社会主義計画経済の遅滞を大衆への強圧によりカバーしようとし、新たな支配（国家共産党官僚）-被支配（大衆）関係を醸成させることになった。
そこでは一国的な政策（財政緊縮や強制的計画経済）かそれとも開放政策（市場・資本の論理の導入）かいずれかのオプションしかなく、前者を選択したたとえばかつてのソビエトや北朝鮮にあっては、粛清に基づいた恐怖の全体主義社会を貫徹させ、後者を選択したたとえば中国は、共産党による全体主義的な支配基盤を残したままで、対外資本を導入し市場・資本の論理に従い生産性を向上させ、軍事覇権的工業大国へと発展していった。いずれにせよそこでは階級廃絶さらには国家の死滅という社会主義の目標とはむしろ真逆の不自由な、より強固な硬直した関係や国家がもたらされることになった。

ところで資本主義生産の発達未発達は、「生 - 気」生命活動の適不適の二様の環境場すなわち地域の相異によっても規定される(8)。たとえば生命活動に最適な温帯地域では発達に好都合であり、生命活動に不適な乾燥地域や極端な寒冷地域および熱帯域では、全く発達の見込みがないか遅延する。しかし後者の地域でも前者の資本や技術、知識あるいはイデオロギーを取り入れ、後発的ではあるが急速に資本主義的な発達を遂げる国家も見られた。とはいえ経済的な収奪や植民地化政策との闘いは避けられるわけではない。いずれにせよ問題は、資本主義経済もさることながら、何よりもかかる帝国植民地主義とイデオロギーや人種・優生思想に基づいた差別・排除、同一化を促す全体主義にある。第二次世界大戦の深い反省に基づき、国連憲章の下植民地諸国が独立し民政主権国家が増加したが、経済的収奪や全体主義化は今なお存続している。なお後者に関しては、それがスターリン主導による社会主義専制国家社会やイスラム専制国家社会のみならず、ヒットラーのファシズムのごとく民政国家社会においても起こりうるだけに(9)、つねに注意を喚起しなければならない。

資本主義を高度に発達させた現在の欧米や日本などの立憲民主制国家内部では、国民の労働者としての生産性の向上と消費者としての購買力の上昇に伴い、社会保障制度をベースとした金融福祉社会が築かれ、労働運動や社会主義運動がしだいに体制内化していった。そこでは資本家と労働者といったかつての支配と被支配の関係は後退し、特に社会的力を有する巨大株式企業では、資本家は株主に分散され、実質的な経営は、社長や取締役などを頂点とした同等のサラリー企業幹部達によって担われることになった。その結果大企業内における関係は、管理と被管理の緻密で複相的な縦の、すなわち半封建的かつ官僚的な支配と被支配の重層的な趣を呈している。なお社会全般においても、社会的資格や地位などの法的かつ制度的差異が絡み階級関係が拡散され一層複雑化している。しかるに企業や市民「気‐層」間の貧富の格差は拡大するばかりで、とりわけ放任資本主義国家社会を中心に、国家権力者達と経団連との政治的経済的野合集団と、貧困層やいわゆるアウトサイダー達との間の新たな経済的な支配と被支配の関係が醸成されている。他方国家権力者達は、このような格差社会を放置し保守するために、後者の諸気分子を可視化し、隈なく監視し管理しうるシステムを創ることに余念がない。いずれにしてもこのような格差拡大のネオプチ全体主義的な現代社会の動向は、福祉保障制度の下隠蔽された矛盾であるだけに、深刻である。

現代の高度IT社会の立役者である科学者達は、資本主義社会の生産、流通、消費システムを高度に変容させ、生活世界に様々な潤いや刺激を与えてきた。精緻な望遠鏡や顕微鏡の発明は、物質のマクロとミクロの極限的な観察とその共有化を可能にし、緻密で高速の交通手段・装置の発明は、世界を極度に狭め生活世界の好奇心・利便性・安全性を高めた。とりわけ工学、宇宙物理学、地質学、医科学、気象学などの知と技術の専門学は、おおむね統計と確率に基づき適正かつ精密な情報をコンピューターで構成かつ操作し、身体やマグマの論理の意志やメカニズムおよびそのシナリオを事前に読み取ることで、「難病」克服への道を開きあるいは地震の規模や位置を正確に判断し、さらには一週間先の天気予報や台風（「猛‐気」流）の規模や進路を予知することを可能にした。しかし科学・科学技術が「未来予想」図の主要なバロメーターになるとしても、同時にそれが国家や資本の論理の下にあるかぎり、恐怖や強迫観念によっていかなる未来の「輝き」をも「闇」に葬ってしまうほどの「狂（凶）‐気」となることを忘れてはならない。

今問われていることは、資本主義的かつ国家主義的な矛盾を、また何よりも全体主義的かつ科学主義的な社会をいかに回避し、なおも格差や脅威の最小化していく民主主義的な社会をいかにグローカルに創出していくかにある。そのために要請されることは、現代社会の多次元的構造理解であり、類的〈覚‐自〉によって歴史的に負託された〈平等・自由・平和〉という、ある意味陳腐で相互に矛盾をはらむ近代ブルジョワ民主主義的価値理念に対する「公‐共」的な自覚と根源的な哲学的問いである。ちなみに唯物史観は唯物的自覚に基づきかかる歴史的負託にリアルに応えようとした。しかし唯物的空なる自覚に達しえなかったために、それは物的生産性を中心とした資本主義の矛盾の解明・克服のみに重心がかかり、多次元的な「交‐換」「交‐通」すなわち経済、政治、宗教などに及ぶ多次元的な「交‐気」を中心とした、たとえば民主主義や国家の論理の分析が疎かとなった。さらにその教条化は、リアルな観点を見失い、未来に約束された地上の天国すなわち平等と自由の花開く共産主義社会という、信仰的教条の超次元的世界観へと転落してしまった。

教条主義的信仰は、集団組織内気分子に過度の倫理的強制を促し、前述したような一層硬直した中心と周縁の全体主義的な国家社会をもたらす。反省と課題はしたがって、国家の論理の明晰化を踏まえた歴史的負託の再確認と、中心と辺縁の諸「気‐層」間関係のリアルな解明でなければならない。その点では、柄谷の高次元的な「交換」を軸にした互酬、再分配、商品交換などに基づいた社会構成体の区分や、ドルゥーズの原始的な「野性の社会」と専制君主機械に基づいた超コードなる「野蛮な社会」、さらに資本主義社会の、相互入れ子的な「超‐歴史」的社会区分は参考になる。いずれにせよ近未来的には、「野蛮な国家」すなわちファシズムや全体主義に陥らない、宗教や科学主義さらには国家や資本の論理を脱していくというラジカルな民主的な分権社会の構築が、歴史的負託に応えうる不可欠のカードになるであろう。

マルクス主義、キリスト教、機械的物質観と、この三者のイデオロギーに通底する、超次元的世界と三次元的世界との共棲し合う先験的決定主義的なヨーロッパ歴史世界観をいかに乗り越えていくか。ちなみにこれまで述べてきた、高次元的な人間の欲望と無意識を〈欲望する諸機械（モル・気）〉として、物質的機械的な諸政体・制度の運動に取り込んだドゥルーズ・ガタリの「史観」や、廣松の事的世界観および現代宇宙物理学や現代数学の諸「成果」[10]などにより開示された、いわゆる准‐三（高）次元的な新たな世界観は、決定主義的および教条主義的な絶対観念や信仰をいくらか減退させた。とりわけドゥルーズ・ガタリの、〈欲望〉を微小な気分子および分子エネルギーと見立て、それをたとえば「無意識の微小体物理学を構成し、微小無意識の要素」として、また「器官なき身体と言う巨大な分枝の上で包含的離接の働きを組織し、現前の諸領域や強度の諸地帯に種々の状態を分配する」ものとして、無限重層的かつ非固有にして固有なる力能性としてとらえた観点[11]は、気の社会的様態を唯物的に、リアルにとらえるものであった。

問題はしかし、気の社会的様態はそもそも多次元的であり、ゆえに高次元的な「わたし」や身体性が、欲望や無意識あるいは間‐（共同‐）主観性としてのみ「対象」化されては、自ずと理論は客観主義的にならざるをえない、という点にある。[12] 多次元的な生世界や歴史の描写は、高次元的「交‐気」の、対象化（物象化）可能性と彼岸的エロス性ゆえのその不可能性（飛躍性・実存性）なる身体的両義性においてのみ可能となる。その点では「欲望」や「精神」などの高次元的事象の物象化は、宇宙‐世界観のベースとなりうるが、それは限定の方法的遡行による〈無意識機械〉や相空間の世界となりえても、無限に「残余」する高次元的な「わたし」の身体性や実存性のたんなる部分的「切り売り（理論化・商品化）」としかならない。そこでは、「わたし」の欲望や身体はたんなる機械的分子や分子エネルギー、すなわち諸「交‐気」の機械的生命層を表象するモノとなり、認識および実践主体である高次元的なこの「わたし」が、「交‐気」としての社会性や倫理性が問われる所以も、ラジカルな民主主義社会を目指す所以も、すべてが根拠なきものになってしまうであろう。

両義的な身体性をメルクマールとする空的還元過程にあっては、社会的実存や倫理こそが中心的な役割を演ずる。ただし欲望がそうであるように社会的諸「気‐層」変動の内発的な原動力は、高次元的な気の力能性を以て作用する。それは物質的かつ社会的固有性の織物に内在し唯物的諸運動に時々刻々に作用し、多次元的な生活世界を形成させている。なおそこでは物象的経済的運動が基層をなすが、政治、科学、芸術、宗教など含めての多次元的な諸「気‐層」が、多様に転変・転化するエロス的「交‐気」の諸関係さらには中心と周縁の諸関係を刻印しつつ相互関連的に関与し合っている。社会的倫理に基づいたグローバルにしてラジカルな民主化のためには、したがってかかる相互の融通無碍的な諸「気‐層」間の運動の見極めと、同時に「わたし（われわれ）」の、絶対矛盾的自己同一的な実践の内実が問われることになる。

未完の格差なき自由にして平和な永続的な安定社会を、中心と周縁の望ましき柔軟な関係の下で展望するならば、多様な諸「気‐層」間の民主主義的関係の構築は必須となる。また、格差と監視を産み出す現代の情報資本主義国家社会にあっては、なおもマルクスの窮乏化の「法則」が示す資源の枯渇や環境破壊をも踏まえ、脱国家的な民主化とともに「公‐共」的社会保障制度の充実や環境保護政策が欠かせないであろう。……さらに現代の「宇宙時代」に言及するならば、今や宇宙開発および地球支配に手を伸ばそうとしている、グローバルな巨額利益の追求と戦略的監視に根差した、そのような資本と国家の論理（エゴ）に対抗しうる、宇宙倫理条項の形成が必須となるであろう。

3　気の精神的様態

次に気の精神的様態について考えてみたい。さて「精神」とは、古代ギリシャ思想の〈ヌース〉に由来し、現代版：気の思想によれば、それは諸「生‐気」にはらむ「精‐気」のはたらきの諸相・様態とみなすことができる。「精‐気」とはすなわち、火炎、燃焼かつ「共‐燃焼」、および焼却、灰に宿りかつ象徴される[13]「火‐気」であり、生・滅、善・悪、抵抗・支配の二律背反的なまさに諸「生‐気」の力と魂の根源であり象徴でもある。それは基本高次元的ではあるが、超次元的な世界に彷徨する「超‐気」ともなり、「生‐気」生命世界をベースとしつつ、その励起と滅尽に及ぶ世界を形成する。

この「わたし」は、身体的存在であるがゆえに物象的な公共的生活世界に内属して生きているが、同時に〈単独者〉として、「精・気」の奔流する高次元的（感性、認識、情動、思考など）かつ超次元的（信念、信仰、空想、妄想など）な私的な世界にも属して生きている。「わたし（われわれ）」は唯物的、唯物生命的かつ社会的な気の流れる、すなわち多様にして多次元的な気の流れる生活世界のなかで、つねに「精・気」の流れを自らが体・現して生きているのである。諸々の社会的「気・層」には、そのようなすでに認識し考え感じかつ信じた先人の諸「精・気」が刻印されており、我々の気の精神的様態はそのような社会的「気・層」によって規定され形成されている。しかし同時に我々は社会的「気・層」に新たな「精・気」を吹き込むことも、新たな「気・層」を創造することも可能である。意味するところは、社会的諸「気・層」と人間的諸「精・気」、すなわち気の社会的様態と精神的様態は、相互作用的な関係にある、ということ。空的還元的過程にあっては、したがって日々覚束ない「わたし（われわれ）」が自らの社会的かつ精神的気の在り様を見極め、何よりも超次元的様態に取り込まれることのない適切な気の次元的な配分とコントロール（態度変更を含め）に心がけ、「交・気」の流れを良くし、同時にそのような流れを可能にする社会的「気・層」および気の社会的様態を創出していくことが求められる。

人間の日常生活世界にあって、「精・気」の内発的な「超弱力」にして高次元的な力が、我々の精神的情動的な気の流れをコントロールしあるいは乱し、不可視にして可感的な「気配」や「気功」あるいは「テレパシー」のような、「自同者」としての他者との関係性を紡ぐ身体的かつ精神的なはたらきを促している。我々は、そのような精神的感応および思念伝達を可能にする高次元的「力能」により、各々の多様な「体‐質」や「気‐質」に応じてお互いが「気‐遣」いながら、また「気を操り」ながら、あるいは場の「空‐気」を読みながらコミュニケーションをとっている。すなわち絶対矛盾的自己同一的な分裂・解体を促しつつ生成・融和を指向する、かかる「精‐気」の力能により、我々はお互いが絶えず気まぐれで転変する情動の下で、憎悪、敵対、いがみ合いながらも、おおむね愛し共感し協力し合い、喜怒哀楽の日常の自由を享受しているのである。

しかしそのような「自由」な日常性を根底から脅かし気の流れを全面的にせき止める「交‐気」障害が、個々のあるいは双対の〈生‐気〉生体の愛憎や生滅を超えて、個を制約する包括システムとしての、集団組織内的な気の精神的様態に発生するとき、事態は深刻なものとなる。人類は自らの存続のために種的、民族的あるいは国家的な、すなわち超次元的にして強力なゲノム的、イデオロギー的な「精神」を貫徹させ、とりわけ民主主義の思想やシステムの根付いていない諸集団組織においては、想定「有事」をバックに公なる精神を僭称することで「交‐気」関係を統制し、反体制的諸気分子を拘束、排除、抹殺しつつ、そうしてそれぞれが集団組織内の統合化を図ってきた。そこでは、「超‐気」的精神によって言語、文化、芸術、宗教などが、したがって諸気分子の情動、認識、思考、信仰などの一切が統制され、自己同一化され、社会が全体主義化していく。

戦前・戦中の日本社会の、絶対天皇制軍部独裁による全体主義化ほど、深刻で危険なものはなかった。そこでは「公」を僭称する私的で実体化された「超‐気」的魂が社会全体を覆い、極度に自由が抑圧された。「超‐気」的魂とは、「生‐気」に内在する種差的エロスが、気の精神的様態に宗教的覇権的に投影された幻影であり、それはマグマの論理の超次元的擬人化と結託し個の運命を支配する。「物自体」ならぬ、まさに語り得ぬ「魂」への極私的あるいは私秘的な想念、信念、あるいは妄想、幻想が偶像崇拝を形成し、生活世界は丸ごと超次元化されてしまう。……ただ「生‐気」自らが内発する「火‐気」的火炎の「気‐魂」の存在は、「超‐気」的精神を揺さぶるが、あくまで高次元的な気の解釈の範疇にある。「気‐魂」とは、すなわち人間を超えた諸「生‐気」生体全般に内在しかつ個々の生死をも超えた、高次元的な気の交流を事とする非実体的火炎的な「精‐気」だからだ。だからこそ「鎮魂歌」が万人の心を打つ。また「超‐気」的魂のごとく、何かに魂が憑かれることで死の恐怖を超え、同時に生命の軽視にも及ぶという絶対的矛盾にも陥る。

カネやモノに支配された索漠とした現代文明社会にあって、高次元的世界と折り合いのつかなくなった大衆の「精‐気」が、「気‐魂」を実体化させた諸々の呪術的偶像崇拝と結びつき、自らが全体主義化の閾値を低下させている。「超‐気」的精神による全体主義的「狂‐気」は、こうした大衆の偶像崇拝的な非政治的非哲学的な空隙を介して胚胎してくる。絶対的盲目的恭順を求める集団的「狂（凶）‐気」の精神的様態からの脱却は容易ではないだけに、事前の自覚と理解が必須となるが、……しかしそもそも「正」気と「狂」気の正確な判別および定義は、時代や社会および集団組織内の気の精神的様態に左右されるため、困難である。とすれば結局、狂気とは「正気の沙汰でない」気の状態であり、正気とは狂気ではない気の状態であるといった、相互の否定概念として相対的にしか定義できなくなる。確かに精神医学的な判断基準がある。しかしおおむねそれは、様々な社会的な制約(14)を受け、公的権威を得て認容されている基準にすぎない。

とりわけ狂気の判断および診断には、フーコーも指摘するような、監禁や拘禁あるいは烙印に及ぶ人権が関わるだけに、さらには一般人からすればあるいは時代の通念からすれば狂気と思われても、実際にはそれがそれこそ先見の明を宿す天才の徴候であるケースはかなり頻繁に見られるだけに、自ずとその評価に慎重ならざるをえない。特に「公」的な医学的診断や精神鑑定が要請される場合においてはそうである。とはいえたとえば他者への無差別的な侵害（テロ）に及ぶ「狂‐気」は、医学的なレベルを超えて、思想的かつ社会的「公‐共」性の問題となる。[15] 特に問題となるのは、集団組織が「超‐気」的精神によって諸「生（精）‐気」全般を支配し、自らが内外の「テロ」に及ぶまさに「公‐共」性を阻む「狂（凶）‐気」の巣窟と化した場合であろう。

気の精神的様態が「正‐気」であるためには、高次元的な「精‐気」の涵養が求められる。なおそのためには統一性を目指す哲学の反省的学習が欠かせない。そこでメルロ・ポンティとサルトルさらには西田の哲学について、今一度この点に関するそれぞれの思想的スタンスを確認し総括しておきたい。

メルロ・ポンティによれば、「自我」には他者が含まれており、私と汝は「相即」「融即」の非分離共有あるいは移行性（中間性）の肉的な関係においてあった。そこでの気の精神的様態は高次元的であり、それは対他一般の議論に代る「共有化」の、我々を同じ世界に所属するように仕向ける〈交叉配列〉の全体世界である。「私の世界の統一性と他者の世界のそれとが共存し得ないということを通りぬけて、統合されてくるような世界である——交叉配列とは、このような逆転による仲介作用である。これによって、「対自」と「対他」というたんなる対立が消滅させられる。そしてこの両者を含み持つものとしての「存在」が、先ず可感的「存在」として、ついで制約なき「存在」として、現れる[16]」。

〈交叉配列〉とはすなわち、私と他者のみならず私と世界との交叉、また知覚するものと知覚されるもの、現象的身体と客体的な身体との交叉に基づく、唯物的空なる「気‐層」の有機的様態を示す[17]。

そこでは意識や「精神」もまた交叉的かつ両義的で、社会意識即自己意識、内面即外面（内面とはすでに外面的内容の規定、現象であり、外面とは内面的意識の現象化）と了解される。なおそれは超次元的ならぬ、高次元的な「交・気」の絶対矛盾的自己同一的な解釈とも相通じる、自己差異化や自己再帰性を促すアプリオリな肉の世界（宇宙）でもあった。問題は、前にも指摘したが、彼のそのような世界が基本予定調和的であり、しかもその全体から予め野生の諸「生・気」生体が遠景化され、さらにサルトルの「他有化」の契機が融和化されており、神的ヨーロッパ形而上学の伝統に沿った超次元的な神的「創造と調和」の隠喩的、換喩的陰影を帯びていた点にあった。

サルトルの「存在と無」による世界観に対して、メルロ・ポンティが、サルトルには奥行が存在せず垂直的ではない、即自的で平盤的な世界のことを論じていると批判し[18]、著者もまた以前サルトルの無や無化作用は「存在の穴」「背景化」あるいは「存在の可能性」なる意識や認識レベルのことがらでしかないと批判した[19]。がしかし問題は、たんにサルトルの世界観の「平盤性」や無化作用の皮相性にあるのではなく、彼の無化作用がおおむね克服すべき唯物的な即自的存在に向けられ、その止揚が皮肉にも神的全体性なる陳腐な即自存在に帰趨してしまった、という点にある。結果せっかくの彼の「他有化」論も、意識や存在を超越し規定する統一的な構造を明らかにするには至らなかった。とはいえそれは、サルトルの歴史的かつ人格的「全体化」が、先行するメルロ・ポンティのゲシュタルト的肉の宇宙論に基づいた「全体性」を踏まえるべき、という単純な折衷論で片のつく問題ではない。

サルトルは自己が即自と対自を介して即自的全体性へと帰納的に止揚することを目指し、メルロ・ポンティは、対自存在の地平的かつ次元的総合から全体性をとらえ、かかる全体性から演繹的に世界内身体的存在および〈肉〉構造をとらえた。また帰納と演繹を巧みに操る西田の絶対無の思想も両者の思想と親和的であり、三者いずれも、それぞれ強度が異なれども、神的全体性を帯びていた点では共通していた。したがって「正・気」のドミナント化する望ましき「公・共」的全体性の形成のためには、かかる超次元的な神的全体性に対し〈絶対無〉化作用を行使し、唯物的空なる全体性へと止揚しなければならない。

多次元的な唯物的空なる気の世界論において、なおもメルロ・ポンティのたとえば宇宙全体としての身体的存在が「存在の裂開」すなわち内側からの構造化を通して展開し世界内存在を形成していくという「創造的全体性」論は、キリスト教由来ではあるが、高次元的な身体性に依拠し、起源や限界の問題に関わるいかなる目的原因論にもくみしないという点では、超次元的にして高次元的な実存の世界を担いうるであろう。彼の一連の永久論的ないし観念論的選択の一切を超えているところの、〈世界の光線〉[20]すなわち永遠なる「存在」の輝きとして世界を記述し、実存的永遠性・永遠の身体性を定立することは、かかる光線が「神の光」の換喩であり、先行する「全体性」の世界が神の世界の隠喩であるとしても、それが唯物的空なる全体性を踏まえるならば、高次元的な気の精神的様態の形成に重要な役割を演じるのではないだろうか。

全体性から始まる演繹的な論法スタイルや観点に関して言えば、西田やメルロ・ポンティの哲学にかぎらず、古代の自然哲学をはじめ、神の思想さらには唯物史観や宇宙物理学に至るまで、その多くが人間的存在を規定する側からの、すなわち絶対的抽象（形式／論理）から相対的具体へ、および下部構造から上部構造さらにまた唯物的全体から個的事象へと、その指向性の質はそれぞれに異なれども、いずれも演繹的な観点や論法スタイルを示している。しかしこのようなアプリオリな演繹スタイルは、ソフィスト、デカルト、フッサールやニーチェ達によって幾度となく批判されてきた。分析や検証には前提や仮説を伴うが、いずれにせよ始まりはすべて無化を伴った自己の意識や認識あるいは情動や発心にある。とすれば自覚的であれ無自覚的であれ、たとえばキルケゴールの絶対的自己意識としての〈単独者〉という、あるいはサルトルの即自‐対自からする自己認識や経験に根差す、そのような私的にして高次元的なスタンスを気の精神的様態の「公‐共」的統一性を形成していく上で、是非とも理解しておかなければならない。

4 「公‐共」的統一性

日頃我々は、公私に渡り生産、労働、消費、さらには言語、政治、教育、医療、科学、芸術および宗教などの機能する多様な物質的、身体的、社会的、精神的な活動に関わり生活している。ただし「公」「私」の判別については、それほど明瞭に自覚し認識しているわけではない。実際のところとりわけグローバル化した現代社会にあっては、両者の間に判然とした境界線を引けるわけでもなく、区別は形式的で相対的たらざるをえない。歴史的に「公」なるも、おおむね当該集団・組織の中心を担う「超‐気」的精神と一体的であり、「交‐気」的および視野・認識の拡大とともにその意味の境域も拡大されるが、なおも恣意的に意味づけられ便宜的に用いられてきた。そこには諸「生‐気」分子の最大の母集団であるというカテゴリー的判断と同時に、むしろそれ以上に集団・組織の支配的調和を最大限担保しうるという価値的判断がはたらいていた。ただいずれの判断も形式的にして相対的たらざるをえず、「公」とは正しくは未完の「私‐共」的公でしかない、という点では共通していた。

ちなみにカテゴリー的判断によれば、現代では、同心円的にこれまでの国家的公を超えた地球世界こそが最大の「私・共」的公となるが、国家や組織に属して生きざるをえない我々には、当該集団組織を究極の「公」とする恣意的な価値判断を余儀なくされる。そこではそれ自体の私的相対性が隠蔽され、ときにそのような幻想の絶対的公が理想とされ目的となる。だが理想的公を目指す目的主義は、歴史的に見れば、過程における共生の可能性を阻み、当の目的の内実にさえ反する結果をも招いてきた。なおその原因の多くは、教条的・覇権的信仰に陥った者達の過程の私物化によるものであり、そこに同伴するねじれ、アイロニー、「歴史の狡智」、「狂・気」、「気の迷い」は宿命的ですらあった。であればこそ歴史的に要請される「公」とは、最大にして究極のなおかつ未完の、「私・共」的公であるほかなく、それはしたがって目的即過程において実現可能な、宿命感に根差したニヒリズムやシニシズムに依拠することのない社会的実存による、「共生（棲）」の世界である。

いわゆる現代版：社会的実存は、これまでの「絶対的〈理想的〉公」たる歴史社会的全体性への単独者「わたし」の投自的実存ではなく、そのようなアプリオリな全体性をも絶対的無化し、非（無）全体性なる全体性としての唯物的空なる気の世界を開示し、他者との民主的な交通を媒介とする歴史社会的事実性に基づき、最大究極の「私・共」的公すなわち「公・共」的統一性を紡いでいく過程的実存でなければならない。過程とはこの場合、目的即過程としての空的還元過程であり、その「成果」はすでにそのつど明らかにされてきた。これまでの成果を要約するならば、それは高次元的人間を主体に物象的かつ事的准・三（高）次元的世界をベースにした多次元的な世界、すなわち唯物的空なるマクロの気である地球を場とし、その中核をなす「火・気」マグマの論理（意志）を、あるいは諸「生・気」間食物連鎖の論理的宿命性を享受しつつ、なおも地球上のあらゆる諸生命体との可能なかぎりの共生（棲）を模索し、そしてそのためのラジカルで、グローバルな民主化を目指す、我々人間を中心（主体）とした、まさに統一的な生世界として描写された。

膨大なる諸気・諸「気‐層」間の生成と消滅、合一と分裂、融合と解体といった、絶対矛盾的自己同一的な関係としてのみ成り立つ准‐三（高）次元的な量子的気の事的世界。かかる世界を土台とする唯物的空なる気の生世界もまた、生と死、争と和および憎と愛などの絶対的矛盾の混淆によって成り立つ世界である。なおこの命運的な生世界の自己同一的な維持および調整の最大責任は、生殺与奪の最高の特権を把持する人間にある。それは周縁の動植物なる他の諸「生‐気」生命群との利害関係を前提にした責務でもある。それゆえ我々人間が地球大の見地に立ち、無益で理不尽な殺生を行わない、また人間同士の殺生を行わないという生命の倫理の遵守が要請されねばならない。これまで科学や科学技術の功罪について繰り返し述べてきたのも、まさにそのためでもある。

生活を快適かつ豊かにし、災害や病気などから数多の生命を守ってきた科学・科学技術が、他方では未だ大自然の猛威に対応できていないままに、地球上の諸「気‐層」を攪乱し、ときに膨大なる「生‐気」生命体を一挙に殲滅させ、生態系を幾度となく破壊してきた。問題はいうまでもなく後者の「大罪」にある。現在に至るも人間社会は、二度の大戦や「ヒロシマ・ナガサキ」の原爆に対する反省も希薄なままに、人類存続を脅かす核や化学兵器さらにはＡＩ殺人ロボット兵器などの開発に余念がなく、各国の国家主義の高まりとともに国家間の軍事的軋轢が増すばかりである。他方産業・金融資本主義のグローバルな発達は、地球温暖化やオゾン層および自然環境の破壊、また類的格差拡大および分断化を推し進め、地球上諸「生‐気」生命存続にとって深刻な問題となっている。……このような脅威や不条理に晒された現代地球社会の現実過程のなかで、なおも国家内存在として多様な矛盾を抱えて生きていかざるをえない我々が、それでもいやそれゆえに果たしていかなければならない責務とは、一体どのような指針や過程で以て示されるであろうか。

倫理的な実践や抵抗の過程は、基本総合的かつ横断的でなければならない。唯物的空なる気の世界において、准‐三（高）次元的な科学的物象的諸関係が重視されるが、それが諸「生（精）‐気」生体の実存を脅かすとすれば、生態学的、社会学的、政治的、宗教的、倫理的かつ思想的な地平的かつ次元的総合に基づいた、「公‐共」的世界全体の問い直しと変革が必須となる。さしずめグローバルな指針としては、地球環境の保全（護）を中心に、国家の開放性を高（国境を低）め、諸「生‐気」生命体の交流、共存および共生（棲）に順じ、国連を中心とした国際組織の見直し点検およびリセット[21]、大量破壊兵器の廃絶、マグマの論理を踏まえてのセーフティネットの確立、またアプロプリエイト・テクノロジーの開発、さらに経済的社会的格差の是正、そして以上実行のための脱国家・脱資本の論理に即した民主的な制度的かつ法的コントロールが、また国内的には、基本的人権の尊重、三権分立、複数政党制、在日外国人の選挙権の認容と民族的自治から住民中心自治への改変、性的不平等性の解消と多様な私的双対的関係の制度的認容、さらに諸宗教と国家的公との断絶と私的領域限定の宗教の自由の尊重など、暫定的国家的公を踏まえつつ、より高次の私的かつ「私‐共」的公を指向していく過程が要請されるであろう。

ところで「私‐共」的公の世界もまた、暫定的「公」の世界と「私」および「私‐共」的世界との絶対矛盾的自己同一的な関係において成立している。すなわち前者が後者を守るために、いかなる後者による覇権、越権行為・行動をも制御し、可能なかぎり平等で自由な共存・共生の社会の実現のためにこそ要請される。であるならば「私‐共」的公の世界では、たとえば私的「私‐共」的な宗教であっても、信仰の自由の保証とともに「公‐共」性を担う、すなわち「寛容」や「歓迎」の倫理的かつ社会的な、さらには宗教教義自体を問い反省する思想的な努力が求められる。すなわちそこではイエスやブッダが説いた平等、自由、博愛（慈悲）の思想や倫理が自然法的覚醒となり社会化（世俗化）され、近・現代世界の「公準（民主主義）」思想となったことについての、また諸宗教の共存を権利として認容し合うことが愛和に根差した宗教の本旨に沿うことであるということについての理解・自覚・反省が要請される。とはいえとりわけ超次元的な信仰に根差した閉鎖的な宗教集団ではかかる要請も馬耳東風であり、私的「私‐共」的公なる宗教性への思想的自覚・認識は期待しえないだろう。このアポリア……、だがそれでも二通りの克服方法がある。一つは西田による、諸宗教の思想的統合による宗教性の構築であり、もう一つは著者の唱える、無宗教の宗教性なる根源的な問いを媒介にするものである。

前者の宗教性は、諸宗教を〈絶対無（絶対有）〉という超次元的な共通の「器」（諸宗教以後の宗教的神性）によって統合するのに対し、後者の宗教性は、そのような諸宗教（諸神性）を絶対的無化することによって、高次元的に還‐「元」される根源性（諸宗教以前の宗教性）を以て、「私」的領域を超脱し、高次元的な「公‐共」的宗教性を開示していく、というもの。望ましき宗教的「公‐共」性は、いうまでもなく後者の無宗教の宗教性においてである。そこでは絶対矛盾的自己同一的に、気の自己統一的な精神的様態を介して自覚化される身体的空性なる世界[22]が根源的に開示され、また、他性（類縁者や無辜・悲運の死者の声）に対する祈り、感謝、責任を介して、見神なき〈世界の光線〉や

〈魂の永遠性〉をも直観しうるメシア性の世界[23]が体験されうるであろう。

遺憾ながら現実は、このような高次元的な宗教性および思想性を伴わない、おおむね自らの「公」を僭称するために三次元的科学の世界と結託して、すなわち科学的精神を振りかざしあるいは科学者達を隷属させ、科学技術を「盗用」することで世界支配を企む、たとえばかつてのオウム真理教教団や、全体主義と高性能核ミサイルとの直結した独裁国家：現北朝鮮のような、いわゆる科学主義的なオカルト‐カリスマを演出する私秘的「私‐共」的な宗教・イデオロギー集団組織が跋扈している。……このような恐怖の「狂（凶）‐気」の事態を避け克服するためにも、無宗教の宗教性と無科学の科学性に立脚し、科学主義、自国・自宗教・自民族・自集団中心主義を廃（排）していく、民主主義的システムの充実した気の社会的様態の構築と、他性・他者を尊重する民主主義的精神の充実した気の精神的様態の涵養により、「公‐共」的な社会を実現していかなければならない。

改めて、人間を中心とした唯物的空なる気の世界とは、ミクロ‐マクロの唯物的空なる諸気が次元的に織り込み織り込まれながら、無限回帰的かつ凝集的、重層的に充溢する多次元的な時空なき時空の、また牽引と反発との絶対矛盾的な関係性の貫徹する、まさに「交‐気」的な「間」や「場」の宇宙世界であった。そこではいかなる神的な権威も絶対的全体性もなく、連続的かつ非連続的で境界なき、多次元的「気‐層」構造の全体像が認められるだけである。こうして事的かつ唯物的空なる気の自覚および解釈による「織物」の了解を以て、当テクストは非全体的全体性なるリアルな次元的かつ地平的な世界を自覚し、開示し、認識してきた。

このような唯物的空なる世界にあって、さしずめ認識する側の主体としての我々人間と言えば、日頃自然、身体、言語、国家、政治、経済、医療、教育などの、事的唯物的空なる諸気層と関わり実存している。認識や責任や倫理の伴う「公‐共」的な自覚は、このような被規定的な生活場を踏まえることで生成してくる。もとより生活世界の個々の社会的および精神的様態がつねに即自的、対自的および対他的な矛盾やアイロニーさらには絶えざる変移・変様（容）に充ちていることは至極当然のことであり、だからこそまた絶対矛盾的自己同一的な様態や生き方が、すなわち絶対的矛盾のなか、唯物的空なる社会的「気‐層」構造の認識を深め、社会的かつ思想的な「公‐共」的世界の統一性を求め、自らがいかに生き実践していくかという社会的実存や倫理が問われるのである。

〈注〉

1　このようないわゆる地球生成の梗概は、あくまでも三次元世界における推量的仮説によるもの。

2　拙書『教育の死滅と民主化』一五六頁で、著者は、メタファとしての「宇宙‐マグマの論理」について、「科学・科学技術」「身体性」「教育」と関連づけ語っているので参考の程。

3　細川薫は『情報革命の哲学』（九〇～一頁）の中で、ウィナーのサイバネティックス論は、いずれ我々は死に全宇宙もおそらく「熱死」するというエントロピー理論からくる悲観論に基づいているが、同時にそれは、だからこそ生命存続を「幸運なる偶然事」としてとらえ、その希少価値を重視する「価値体系」の組み立てであるべきとするヒューマニズム論である、と述べている。

4　なおこの点については、『医の哲学の世界史』第2章において詳論しているので参照のこと。

5　この四気質の思想的（古代ギリシャ哲学の四元素生成変化説）かつ医学的（ヒポクラテスの四種体液説）由来については、右同書（二章1，2節）を参照。

6　『文化人類学への招待』によれば、諸民族集団においてたとえば対外的には「クラ交易」などのように、経済交換とともに象徴交換（贈与などの形で）が行われて（二一九～四九頁参照）、また対内的には首長と集団員との中心と周縁の関係をベースに、象徴二元論（男女、天地、神人、生死……）的観念や、秩序とカオスの、排除と統合のあるいは死と再生の象徴的宇宙全体の観念が形成され、排除と統合のヒエラルキーが維持されている、と了解される（一五八～八八頁参照）。

7　このような均衡化についてレヴィ＝ストロースは、『悲しき熱帯Ⅰ』の中で、種族があえて自集団を「半族」として分割し、階級の非対称性を半族の対称性をもって相補的均衡を保っている事例を紹介している（三三六頁参照）。なお彼の「素晴らしい文明ではないか」（三三九頁）と感銘するごとき、当テクストに見られるルソー張りの自然憧憬のスタンスに対しては、デリダが「解放的進歩主義の意識における民族中心主義」（『根源の彼方に：グロマトロジーについて（上）』（二四四頁））と批評している。同感である。

8　梅棹の遷移（サクセッション）理論（『文明の生態史観』）によれば、両地域は、高い土地の生産量をもち共同体内部に生産力を有する中緯度温帯地域と、共同体外部の上記地域からの圧力により産業が遂行される巨大な乾燥地帯に分断化される（一〇二～七頁参照）。

9　全体主義国家とは、個人、一族および党を頂点（中心）に独裁的かつ求心的に辺縁の大衆支配に及ぶ覇権国家のことを言う。ハンナ・アーレントは、かつてのヒトラーのナチズムやスターリンのボリシェヴィズムによる支配国家を以てその源とみなす。なお全体主義とは、彼女によれば「世界観」政党のプロパガンダによって扇動された大衆運動に根差す、ファシズムや共産主義のような自動的な運動を意味する（『全体主義の起源』一〇、一一章参照）。そして独裁的求心力により促されたかかる自動的な同一化運動に対し、根本的な廃絶は運動の中心の「破壊」しかないが、事前防備として「複数性に耐えること」は可能である、と彼女は考えた。確かに「複数性」や「多様性」は公共社会の形成においては必須の条件となる。しかしそこにはその共通の前提および基盤となる、公共的な生活世界、すなわち「不安」をも包み込む身体、生命、労働、経済的な観点がなければならない。彼女にはこの観点が希薄であり、そのため唯物史観と人種支配の思想が、同じ世界観のレベルで論じられ、演繹的な偏見に陥った。なおキリスト教的一義的絶対史観の反映という点については、著者がすでに『空的還元』（Ⅳ章）のなかで詳論しているので参照の程。

10　たとえば「四次元連続体」など、現代の数理学的かつ物理学的世界でいう高次元（四、五、六……次元）なる、推測の形式化され「対象」化された准‐三（高）次元的な観念世界の創成。

11 『アンチ・オイディプス』二二四頁参照。なお彼は、もっぱら欲望を機械ともとらえ、「欲望は無意識の自動的生産の働きであり、……欲望とその対象は一体をなし、それは「機械を動かし機械に動かされる」機械の機械として、機械をなしているのである」（四一頁）「欲望する機械と技術的社会的諸機械という二つの諸機械の間には、……体制の相異を除いては、同一の機械なのである」（四六頁）と述べている。

12 廣松は、『事的世界観への前哨』の中で、私（わたし）は知覚的世界と表象的世界の二重化された相で現前する（二五二頁参照）として、高次元的な解釈に配慮しているが、他方しかし、歴史の法則は協働的営為の物象化的映現として成立しており、それは共時的・通時的な生態的総合の構造論的記述として展開されるべきとか、それを協動連関態の生態的動態そのものに定立させ、函数連関的記述主義の態度に徹すべしとか述べている（二九一～三頁参照）。それでは客観主義とみなさざるをえないではないか。なお問題は、かかる協働連関態の客観主義的スタンスが、人間の社会や国家・歴史解釈に及ぶとき発生する。そこでは彼独自の四肢構造論による事的世界観に立脚してさえ、解釈の一面化や還元主義化が避けられず、結局三次元的世界観へ傾斜することになる。『唯物史観と国家論』において、彼は唯物史観をマルクス・エンゲルスの『ドイツ・イデオロギー』に順じて解釈し、准‐三（高）次元的に、物質生産における間主体的な協働連関の役割編成態に発生する社会的威力（権力）を以て政治的権力の基礎に据えた（一八二頁参照）。が、もとより「社会的職務」における役割や地位の固定化、規範化による権威と権力の発生、中心と周縁の編成は、それが資本主義体制のみならず、あらゆる体制の宿命であること。この高次元的（気の中心と周縁の関係としての）宿命性が配慮され理論に反映されなかったために、その防備の政治的措置（民主制）が理論と実践から欠落し、結局三（超）次元的解釈（教条という超次元的信仰を含む）に落ち込んでいくことになった。

13 『精神について』の中で、デリダは、ハイデッガーの精神の解釈に対し批判的読解を試みているので参照（主として一三〇～八頁）。

14 フーコーは、医師の判断のみが狂気の世界に通じていて、狂人と認知されるのは、狂人の位置が監禁という社会的命令と、法的主体の能力を識別する法的認識との合流点に置かれているため、と言っている（『狂気の歴史』一四七～五三頁参照）。

15　ここで著者が問題とする「狂・気」とは、いわゆる空想的超次元的世界と同一化した人物が精神医学（准・三次元的「公」世界）により診断される「個の病」ではなく、私的「私・共」的な信念（主義、妄想、観念……）を絶対規準として、多次元的生活世界全般に押しつけ、違反する者達を排除し、ジェノサイドにまで及ぶがごとき倒錯した気の精神的様態のことを言っている。

16　『メルロ・ポンティの研究ノート』五一頁。

17　右同書、五二頁参照。なお「重層的な唯物的空なる気の様態」とは、著者の「改釈」によるもの。

18　同書、一三七頁参照。

19　『空的還元』一四二頁参照。

20　『メルロ・ポンティの研究ノート』五七頁参照。さらに同書一三四頁で、彼は「《世界の光線》は総合でも《受容》でもなく分凝である」とも述べている。

21　著者はかつて『新・世界史の哲学』（一九九六年）のなかで、国家の国家主義化を自然必然的な過程とみなしつつも、なおも国連を中心とした世界国家体制の、ラジカルな民主化に基づく改編の必要性を訴えた。しかし皮肉にもこの間とりわけ安保理を担う大国を中心に前者の過程のみが推進し、後者の「覚・自」的な過程は一時昂揚をみたが今や後退するばかりである。何よりも国連憲章の精神を模範的に示すべき常任理事国の中・露が急速に独裁的全体主義化を推進しているという、この現実は倒錯であり、危機でもある。現状は一層悲観的たらざるをえないが、しかしそれでも諸国家国民の地球市民としての「覚・自」的高揚を信じての国連改革、すなわち国連憲章の改正（敵国条項の除去など）と憲章精神に相応しい常任理事国の民主的再選と任期制の導入、ＮＧＯの国連内部における権限の拡大、諸国家軍隊の国家色の脱色（国旗の不使用）した国連軍への吸収と、国連の軍事力中心から救援中心への移行など、すなわち「国家連合」から「地球共同体」を担う「国際連合」さらには民主的世界政府へのステップアップを求めたい。

22　身体的空性とは、唯物的空なる世界をベース（場）に自覚化される、すなわち「心身の非固定的、非実体的諸相、すなわち両義的には「精神」と肉体の「間」に見られる往復であり、「存在」と「構造」に動揺する実存であり、しかし基本的にはさらなる多様性であり、多次元的であり、瞬時性であり、曖昧性でもある」(『医の哲学の世界史』一六五頁)。

23
メシア性とは、デリダの「メシア的なもの」、すなわち「マルクスの遺産の抹消不可能なマーク」「他者の到来の経験」「黙示録的な他者の経験」「存在・神・目的論ではない、善悪の彼岸の黙示録の黙示録」「宗教以前にある普遍的な「信」の経験」「見神なき、真理なき、啓示なきメシア的なもの」、すなわち同定可能な内容とメシアがない、メシアニズムなきメシア的なものとしての「砂漠のメシアニズム」に相当する(『デリダ――脱構築』二七〇～八四頁参照)。

第六章　歴史的展望の哲学

「唯物的空なる気の世界を基層とする「公 - 共」性論は、場の歴史性を踏まえ超えていく過程論として成就する」（著者）――日本という歴史的場に規定されざるをえない「わたし（われわれ）」がラジカルにしてグローバルな民主化を目指す脱構築的かつ空的還元の実践の過程において、戦前戦中の、皇国史観へと収斂した「〈近代の超克〉論」[1]の超克は、「公 - 共」性論形成の主要な哲学的テーマとなる。ゆえにその理論形成の先駆的な役割を担った西田哲学の問題の検証およびその批判的継承の諸哲学に対する批判的考察は避けて通れない。

1　西田哲学の問題

西田哲学の〈絶対無とモナドロジーの世界〉観が当時日本の〈近代の超克〉論のベースとなったように、唯物的空なる気の世界観は、必当然にしてかかる超克論の超克のベースとなる。そもそも両世界観は唯物的自覚の有無や唯物性の解釈において根本的な相異を示し、総じて観念的でアカデミックな前者から、唯物的でリアルな後者への世界観の「転倒‐超出」は、「〈近代の超克〉論」の超克とともに、日本の社会的かつ思想的「公」の質に関わる史的な課題としてある。もとより両者が東西思想を止揚し思想史的「公」を目指したという点では共通しており、したがって西田の世界観からの「超出」は、「乗り越え」をも意味した。いずれにせよこの営為は、具体的には西田哲学の哲学的キー概念でもあった、〈絶対無〉や〈創造的モナドロジー〉および〈場の論理〉さらには〈絶対矛盾的自己同一〉などの思想や論理を、唯物的に転倒しあるいは止揚し、いずれ批判的に継承することで、たとえば「〈絶対無〉化作用」や「気の宇宙論」、さらには「唯物的空なる究極場」などとして「改‐釈」することで果たされた。

ここで改めて、順次西田の諸テクストに批評を加え、彼の哲学思想の乗り越え超出されるべき問題点を明らかにしておきたい。

Ｉ**『善の研究』**：西田哲学は、思慮分別を加えない〈純粋経験〉を以て始まる。この経験とは、知識と対象とが一致する〈直接経験〉でもあるが、しかしそれは当初より〈或無意識統一力〉の働きを想定した〈純粋意識〉の経験であって、生活世界の中での直接経験ではなかった。それは、いずれ体系をなし、背後の統一力あるいは統一者によって知覚や思惟作用などへと分化し発展していくという、まさにフィヒテ‐ヘーゲル由来のヨーロッパ神的形而上学の伝統に沿うものであり、したがって個人的な直接経験ではなく、個人の上に超越する神の神による純粋な経験でしかなかったことになる。神とは、イコール無限なる実在の統一力であり、梵我一如の宇宙の統一者および大精神者でもある。個的な統一力を有する意志も潜在的或者（神）の体系的発展に従うものであり、アプリオリに自由であるとみなされる。とすれば、そのような意志に基づく、意志の発展、完成は、理想の実現たる〈絶対善〉に結びつくほかない。そうして完全なる善行によって我々は、宇宙の本体と融合し神意と冥合した〈真の自己〉を知ることになる。

　宇宙と神との一体把捉や「自己」の真偽なる二元格差的価値把捉は、ギリシャ・ヨーロッパの神的形而上学に由来するというだけでなく、観念論哲学や宗教全般に通じる超次元的な世界をベースにした発想である。そこでは隕石落下による死亡も神の思し召しとなり、身体保全のためにのみ日々あくせく働く者達は、神々を仰ぐ人々よりも劣った人間となる。

Ⅱ『自覚に於ける直観と反省』：直接経験における主客未分の〈直観〉を、自己の中の事実に即して〈反省〉し、統一作用の〈自覚〉を通して自己同一的な自己の動的発展を成し遂げていく。リアルな内面的関係および展開を明らかにしていく、この西田自身の直接経験に基づいた「反省」および真の〈自覚〉[2]こそが、これまでの彼の超次元的世界一辺倒の哲学を、無限に思惟可能にして思惟の及ばぬ、いわゆる真の実在としての高次元的な世界の哲学へと旋回させることになる。先ず彼は、カントの純粋統覚の総合作用に倣って「真の主観は反省できないもの、客観視できないもの、すなわち意識の構成的統一作用というごときもの」（二四一頁）とみなし、主観をあくまでも客観界の基礎すなわち客観の維持者にしてその中心ととらえ、さらにフィヒテの〈事行〉[3]に倣って、自己の動的発展を、客観的な意識内容自身の主観的な内面的発展の作用によるものとし、知るものと知られるものの主客合一的な相属関係においてとらえた（二四二頁参照）。なおこの場合〈反省〉とは、自同律的再認作用に基づき、ベルグソンの生命の哲学に倣って、〈純粋持続〉の同時存在の形を通して事象を構成し思惟することであり、そこでは縦線的進行たる〈純粋持続〉を同時存在の平（横断）面に直して考えられたものが物質界、その両方面の接触するところが、すなわちかかる物質界の上に投げかけられた「記憶の影」が我々の身体であり、さらに〈純粋持続〉の尖端が同時存在の平面を押して進み現れるのが意識であるとみなされた（二一九頁参照）。

以上の西田による〈反省〉は、唯物社会的な被規定的自覚のない〈反省〉であるとしても、内在的には卓越した高次元的観点を保持していた。何よりもそれは動的発展や推論式においてのみ真の実在性を認め、しかもかかる実在を〈主観〉〈自己〉〈生命〉〈身体〉〈事行〉なる概念とともに、無限に思惟可能にして到達不可能な「宇宙の核に接する」実在の核心および「無限なる実在の統一点」、さらには「質的連続の切断」された「直接経験全体の重心」および絶対無限の統一線上における「エラン・ヴィタールの尖端」として、さらにまた主客合一の「現在」という限定の極致なる自覚の点すなわち「極限点」としてみなした点に窺える（二五一頁参照）。そこには西田の、ベルグソンの無限発展する〈純粋持続〉の解釈を超えた、「無限発展」即「永久の今」という了解があった。

なお高次元的な解釈に関しては、とりわけ西田の身体および身体性に及ぶ論点は優れており、そこでは彼は、前述したように身体を物質界という同時存在の平面上における〈純粋持続〉の射影として、同時にかかる存在の平面を「押して進む」意識の働き（精神）を備えるものとしてとらえ、さらにその両者を結合し目的（生命）的に統一するものとして高次元的な意志的行為を重視した。問題はこの意志の解釈にあるが、彼はこの意志を自然なる唯物的意志としてとらえたのではなく、あくまでも観念的に個の主観の「無限なる可能性の結合点」としてとらえ、ショーペンハウエルの解釈に倣いさらにそれを改釈して、「絶対的自由の我」に返ることのできる、思惟の根底にあり意味を統一する、すなわち時空的関係を超越し、万象を表現し創出する意識および原因であるとみなした（二六三〜七頁参照）。絶対自由となった意志は、意志の中心たる「真の自己」すなわち「現在」の無限なる可能性の結合点（「極限点」）において、「神の意志と接続」し、無限の世界はかかる神秘となった絶対の神的意志によって結合される。そうして神的な絶対的自由意志により、アプリオリなる自覚的（推論式的）演繹に基づき、我々の多次元的な一々の意識に直観および思惟の体系および世界（宗教・芸術・歴史・自然科学などの世界）が構成されていく。

西田哲学の問題はまさしくこの、せっかくの卓越した高次元的世界解釈がまるごと私的超次元的世界に託されるという、すなわちそれ以上の追究が放棄され、結果内発的で多次元的な意志が、「自然的因果」を超出した、無より有を生じ（創造）する「価値的因果」の下に、『善の研究』以来の人格的かつ神的な意志に委ねられてしまったという点にある。そもそも反省や遡行の及ばぬ無限近接的な〈極限点〉としての自己性、あるいは対象を点にも円にも球にもならしめる無限遠点かつ無限近点たりうる身体性（視点の自由性）とは、「真の自己」のごとき価値性ではなく、自己や身体のたんなる唯物的空性に由来し、そこに超次元的世界との交接する彼岸的なエロス性を直観することがあったとしても、神的な、ゆえに極私的な世界に依存することも没入することもない。

Ⅲ『働くものから見るものへ』：直接経験における「直観」を自己の内的契機として不断に自己展開していく「自覚」という立場をとるようになった西田は、改めて現実の物質的な生活世界を反省し、物理的な経験や現象をその説明づけの必要性から、「働くもの」の意志に基づく構成的な思惟作用を重視するようになった。とはいえ意志とは当初よりアプリオリで、構成的思惟が客観的経験界を構成するには、前述したようにその根底に主客合一の〈事行〉の立場がなければならなかった。すなわち西田による物理的な世界とは、「働くもの」のアプリオリな意志の自覚により、あくまでも〈事行〉において構成的思惟の成立と感覚との結合から超感覚的客観的な実在認識および個物概念を成立させ顕現させる世界であった。したがってそこでは、構成される客観的物理世界の、その実在の範疇としての物の中にある時間・空間も、感覚の背後に内面的連続を見ることにより成立する力の概念も、すべて意志の表現によるものとして了解される。なお彼のそのような「働くもの」の意志的自覚が働くものと知るものの内面統一に及ぶという〈事行〉の哲学すなわちアプリオリな意志の構成論や表現論とは、カントやショーペンハウエルおよびフィヒテの形而上学の伝統を批判的に継承し改釈することで、成立していると言えるであろう。

働くものから見るものへ。総じて西田哲学の限界は、超次元的（絶対的精神）世界を前提にした上での、三次元的（物質的）世界の高次元的な解釈という思想的スタンスにあった。そのため働くものの意志には、当初よりアプリオリな〈純粋意志〉がスライドされており、その極致が直観となり、直観の直観が再び永遠の真理（絶対善・神）を見るものへと結びつけることになる。もとより高次元的な解（改）釈においては、たとえば彼がアプリオリな意志により成立する精神世界と物質世界との結節点および交叉点として、「わたし（われわれ）」の身体を両義的かつ高次元的に解釈し、さらにかかる身体の表現（内容、作用、そのもの）を自己同一的に全実在の表現と相関的にとらえたこと（二六九頁参照）は、それなりに評価できる。だがそこには、すなわちアプリオリな意志や「精神」自体にすでに神なる理想が刻印され、そもそもの身体の両義性は理想的なものと実在的なものの交叉点すなわち否定と肯定の格差的二元論に基づくものでしかなく、したがって身体（全実在）の表現は道徳的行為の過程とならざるをえなかった。ゆえに「働くもの」の表現が〈行為的直観〉において、「イデアがイデア自身を見る」ごときプラトンの形而上学的観念論に帰することになる。

なお「働くもの」の体験の場所において形式と質料の対立関係が成立し、「見るもの」の類概念を映す場所においては、「働くものを見るのではなく、働きを内に包むものを見る」（二一九頁）ことになる。いずれにせよそこでは、関係するものと関係が一つのものとして成立させる〈場〉が要請され、西田は、改めて自己のある場所の性質を分有する「於いてあるもの」、すなわち超越的な思惟対象の場所（意識の野）を考え出した（二一〇〜二一七頁参照）。彼のこのいわゆる場所の論理は卓見ではあったが、しかしそれもプラトンの〈コーラ〉の踏襲でしかなく、いきおい観念的となりさらには〈無の場所〉などといった臆見に陥ることになる。つまりそこでは、「真の無の場所」においては意志そのものが否定され、作用も意志も映されたものとなり、動くもの、働くものすべてが、見るものの永遠なるものの予定調和された影でなければならない、ということになる（二七一頁参照）。

彼にとっての場所とは、労働する者達の場所でも、生命や身体の関わる衣食住とエロスの多次元的生活世界の場所でもなかった。それは彼の哲学が、高次元的かつ准‐三次元的世界の解釈に及びつつも、結局は超次元的宗教世界（絶対無や神性）からの多次元的世界の統合および支配を指向（志向／思考／嗜好／至高）する哲学でしかなかったからである。

Ⅳ『無の自覚的限定』：働くことの意味がなくなり、唯見ることになる真の無の場所は、そうして再び〈或無意識統一力（者）〉すなわち〈絶対無〉へと回帰することになる。後は、「働くもの」を媒介することで明らかにされた物質界と精神界をかかる〈絶対無〉からどのように演繹的に説明づけるかが問題となるだけである。そしてそのために採用された方法が、フッサールのノエマ・ノエシスの現象学であった。だが西田はフッサールの方法を部分的に借用し、しかも我田引水的に「改・釈」し利用したにすぎなかった。最大の問題は、フッサールのいかなるアプリオリ性をも排除しありのままに現象に対する態度に擬せて、自己を「無にして見る」態度をとることを主張した西田ではあったが、その態度が「現前のありのままの現象」に対するのではなく、すでに形相的に還元され構成された超次元的世界に対するものであったという点にある。自己を無にするその時点で、すでに絶対神に通ずる、同時にあらゆる宗教を包摂する〈絶対無〉を前提にしていたのだ[4]。それはまさに諸宗教の宗教性たる「絶対的権威」への投自的論理によるものでしかなかった。

西田は「絶対無の自覚的限定」により、現象のノエシス的方向に行為的自己を、他方ノエマ的方向に表現的自己を掲げ、前者には精神的なイデア的内容および直観を、他方後者には物的かつ客観的内容および世界を対応させた。注目すべき点は、前者から後者すなわちノエシス的方向からノエマ的方向において、「行為的自己の自覚の底に自己自身を没して、無にしてみる自己の立場に立つ時、すべて有るものは自己自身を自覚し自己自身を表現するものとなる」（一四頁）という、いわゆる表現的自己の自己限定についてである。前述したように、結局彼の「無にして見る」のは、すでにノエシス的な善や真理のイデアによって構成された客観化され権威づけられたノエマでしかなかった。西田の現象学とは、〈絶対無〉がノエシスとノエマによって絶対的人格神とその被造物たる〈絶対有（歴史世界）〉となるというよりも、彼自身「創造の神」ではなく「神性」を主張している点では、前者が即後者であることの、いずれにせよたんなる神の合理的証明学でしかなかった。

そもそも西田哲学の限界は、東洋神秘主義思想と神的ヨーロッパ形而上学とを短絡的かつ観念的にのみ結びつけ、唯物的および社会的被規定的自覚を見失ってしまったところにある。ゆえにせっかくの高次元的な意志は、絶対神由来の自由意志に帰結し、無制約な善や真理を目指すことになる。また意志的自覚が「ノエシスがノエマを包む」すなわち自然や歴史に対する観念的で汎生命論的な自覚へと極まっていく。そもそも意志とは、盲目であれ自由であれ、先ずは「生・気」生命内発による自己の、自己に由来する身体的意志であり、高次元的には「自己」を超えるエロスやタナトス、さらには唯物的空性やメシア性の自覚や覚醒に及ぶ意志でもある。「自己を無にする」意志は高次元的世界を自覚させるが、しかしそのアプリオリ性の払拭されないままの不徹底な行使は、自己をアプリオリな観念性や権威性に隷属させることになる。ラジカルに「自己を無にする」ということは、全面的に自己意識イコール当該社会意識（常識や知識）を無にすること、すなわち文字通り限りなく「絶対無」にすることを意味する。とすればそこでは西田の諸宗教の宗教性である〈絶対無〉もまた無化され、無窮の〈絶対無〉化作用により開示される世界は、多次元的な唯物的空なる気の世界、さしずめ「精・気」世界における無宗教の宗教性なる高次元的な世界となるほかない。

西田にも唯物的自覚の一端があり、人間身体を物質界所属とみなし行為的直観に基づきその道具的および表現的な機能を重視し、声の疎通を空気の波動（言語）にあるとも指摘している。また物質界を個人的意識に先立つ社会的意識の身体ともとらえる（三五〇頁参照）など、そこには〈非連続の連続性〉としての生死および他者性を介しての、すなわち物体と精神および個物と環境の弁証法的相互限定において〈生命の流れ〉を看取するスタンスも窺える。くしくも彼のそのようなスタンスが、対内的には〈永遠の今〉という、無自覚的ではあったが私秘的かつ「私・共」的世界を、他方対外的には他者と出会う「公・共」的場所としての歴史世界を想定するようになった。だがそこでは、身体も社会もさらには歴史でさえも直観的かつ抽象的にとらえられ、社会制度的にとらえる局面がないままに、私秘的な面と公的な面の人格的な統一（「全体化」）だけが目指された(5)。

V.『哲学の根本問題』：西田の人格的な統一とは、自と他、過去から未来へと流れる生物的生命と未来から過去に流れる社会歴史的世界なる「人格的生命」、非合理的なものと合理的なものなど、基本的には「個物と個物との相互限定の場所的限定の意味をもった」（一〇〇頁）絶対に相反するものの自己同一（絶対矛盾的自己同一）および非連続の連続という意味をはらんでいた（一九～九七頁参照）。自覚的ではなかったがそこでは、すでに個の多次元的な、したがって気の了解の予兆を読み取ることができる。しかし西田における人格の統一性は、一貫して真の生命の自己同一性にあり、ひっきょう超次元的な〈絶対無〉に極まるものでしかなかった。「人格的生命」による行為的自己は、弁証法的に自他を超え、ノエマ・ノエシスを超え、意識と物質を超え、そうして無限に表現し創造しうる〈絶対無〉なる神と同一化することで、形而上学的社会学的歴史世界を創造していく。すなわち超次元的世界からの多次元的世界に対する支配の実現である。

　ただ生命論に関しては、彼はベルグソンに倣って生命の流れをその異質的な多様体の現れ方としての差別化と分化、およびその存立様態としての潜在性や個体実現の潜勢力を踏まえ、なおかつ独自に個体生滅に関わる非連続の連続性においてとらえることで、人間世界の多次元性を映し出すことができた。また生活世界に関しても、高次元的観点からその中心となる身体を行動の道具としてのみならず、主客の両義的観点から物と私の媒体として、さらに物を媒介として私と汝とが相限定し合う場としてとらえることで、表現の世界の意味および成り立ちを説明することができた。ただ残念なことは、そこに唯物実在論的かつ社会的な被規定的自覚による「転倒」がなかったために、統一性や同一性を目指す意志論的解釈が、ひっきょう〈絶対無〉に極まり、観念的格差を前提にした独我論に終わったことにある。結果彼の身体的歴史観において、唯物生命的および社会経済学的かつ政治制度的な論の展開を見ることはなかった。そもそも彼の「無化作用」は、自己の非合理な唯物的な欲求にのみに対するものであり、自身の「行為的直観」は現前の非合理な歴史社会体制に向けられることなく、むしろ神的にイデア化され権威づけられた現前の社会体制に自己を無にして投企する、献身的に「働くもの」の即物的な主体性に帰すことになった。

Ⅵ『哲学論文集（Ⅲ）』：そもそも西田の、〈行為的直観〉に基づき制作と創造の表現作用を介して展開される歴史的現実の世界は、身体的生命さらには〈歴史的身体〉における生と死、消費と生産の絶対矛盾に対する人格的超越的自己同一において成立するものであった。彼は唯物史観の影響を受けつつも、歴史世界を因果の貫徹する物質的世界観ではなく、あくまでも作られたもの（過去）から作るもの（未来）へと動き行く歴史的生命の世界、すなわち絶対矛盾の自己同一の世界として描いたのである。そこには西田の、ライプニッツ由来の根源的生命：モナドによる調和的歴史思想の影響も見られ、いずれ唯物史観の限界をも見透かす卓越した観点があった。なお西田の「モナド」観は、ライプニッツの不生不滅の表象するモナドではなく、自らが働き表現し生滅する自立自展（転）する弁証法的、実在論的なモナドを想定しており、それはライップニッツの神的予定調和論を超出し社会創造論的な展開に及ぶ可能性をもはらんでいた。とはいえ唯物社会的な被規定的自覚の希薄な西田には、マルクスの唯物的社会思想の根本的な理解に及ばず、ましてや唯物的空なる気の思想への展開は、期待すべくもなかった。

結果西田は、ライプニッツの「神（心）的調和概念」を引きずったままに、「人格生命主体」が絶対的矛盾の現実世界を自己同一的に、現前の種的かつイデア形成的な道徳国家へと献身していくべきことを説くようになり、当時日本を支配していたウルトラ国家主義的気運に思想的哲学的確信を与える次第となった。「国家という如きものも、……パトス的でなければならない。或民族が歴史的身体的としてイデアを宿すかぎり、それは国家として道徳的実在であるのである」（一一二頁）。そしてさらに彼は各民族がイデア形成として国家的になる所に、世界史的形成の世界が顕現し世界平和が求められる、とした（一一三頁参照）。なお西田の念頭にあった当時日本の種的・イデア的形成の道徳国家とは、神聖天皇制国家であり、彼の献身論はまさに君臣一体、国体大調和へと具体化されていった。

Ⅶ『続思索と体験：日本文化の問題』『哲学論文集（Ⅳ補遺）』：「皇室は……主体的なものを超越して、主体的――と個物的多との矛盾的自己同一として自己自身を限定する世界の位置にあったと思う」（「日本文化の問題」三三五頁）。「……日本形成の原理はすなわち世界形成の原理とならなければならない。……皇道とは我々がそこからそこへという世界形成の原理であった」（同三四一頁）。そうして西田は、まさに八紘一宇の皇道の覇権を目指す皇国史観に則り、「人格的生命主体」の在り様を「世界平和」ならぬ「世界制覇」の高みへと変質硬直化させていった。そこでは主体の〈身心脱落〉も「無心になること」もさらには「物となること」もすべて、超権威主体である皇室中心の世界形成のためとなった。彼は、我国では天皇は過去未来を含んだ絶対現在の中心であり、現神とまで言い、さらに我国体は歴史的世界形成的として合理的だとまで言い切った[6]（「Ⅳ補遺」四一九頁参照）。このように西田は独我論的独断的に、たんなる私的かつ超次元的な世界を「公」と僭称する、まさに硬直した絶対権威の中心よりなるヒエラルキー体制・全体性に向けて、自らの「矛盾」を解消し自己同一化する投自的な生き方を唱導するようになっていった。

なお統制と覇権を属性にもつ全体主義に対しては、西田は当初より盲目的であり、当時勃興してきた共産主義に対しても、その全体主義的な面を評価する一方で、それが個人的自負に基づいているということで批判している（同四二七頁参照）。むしろ逆であって、西田哲学は民主主義思想の入る余地のないほどに全体主義思想に侵されていたのである。

2　立場論を超えて

歴史的場の哲学として、ファシズムや全体主義に帰趨していく戦前戦中日本の、いわゆるロマン派観念論(7)の思想的陥穽およびカオスを克服し超える、まさに「〈近代の超克〉論」の超克は、現代を生きる我々にとって重要な思想的かつ社会的課題としてある。してかかる超克を実現していくためには、自らの諸々の「立場（論）」を超え、唯物的空なる気の世界観に基づく統一的な「公・共」性論を構築するとともに、脱国家と脱資本の論理に適うラジカルにしてグローカルな民主化を推進していかなければならないであろう。

ところで哲学的に「〈近代の超克〉論」の超克の直接対象となるのは、非合理な超次元的世界すなわち皇国史観に帰する、すなわち京都学派の哲学を中心とした、西田哲学の神的調和の「場の論理」から田辺元の「種の論理」および三木清の「協同主義の哲学」さらには高山岩男の「世界史の哲学」

を以て極まる哲学である。田辺元は、類（国家）に対する種（民族）の役割を重視することで、西田の個を直接全体へと結びつける全体主義的発想を批判した。確かに類と個を媒介する種の論理は、ときに否定的媒介として民族や機能集団および身体あるいは言語などを種として、社会と個の問題を論考するためのモチーフとはなる。だがしかし、田辺がもっぱら種を絶対的媒介として理解したために、後の彼の皇国史観に基づいた熱狂的な国家主義への傾斜が示すように、皮肉にも種の絶対化が類の絶大性を高めることになり、むしろ全体主義を補強することになった。なお三木清の、西欧自由主義的個人主義を踏まえての共産主義的普遍主義と国家民族主義との、すなわち主観主義と客観主義および個人主義と全体主義との二律背反的矛盾を折衷・止揚するかのごとき、「形成説」[8]や「協同主義の哲学」もまた、いずれ「時務の論理」にプラグマチックに対応することで、同様の全体主義的皇国史観に帰趨することになる。そうしていずれも高山岩男の大戦を合理化する『世界史の哲学』[9]の誕生を準備することになる。

個の類に関わる主体性の問題は、皇国史観や軍国主義と対峙した、唯物史観に基づいたマルクスレーニン主義にも介在していた。そこでも「主体性」がアプリオリな絶対的世界観や史観を前提にした上で個の信仰を問うような、まさに全体主義的なスタンスが求められた[10]。そもそも類・種・個とは、相対的にして重層的な、場の論理による「諸・気」層間の関係においてあり、その社会的判別は恣意的、仮定的であり、問題はしたがってあくまでも唯物的空なる各々の内実と審級への問いにある。人権や主権がグローバルに認容されつつある現代社会では、献身とか犠牲精神とかいった主体性論は、カリスマ的宗教や教条主義的イデオロギーの集団以外ではすでに陳腐なものとなったが、しかし全体主義的な立場論は、戦後の思想・イデオロギーにおいても、依然継承されている。皇国史観や唯物史観あるいは宗教であれ、立場論からの脱却がないかぎり、盲目の主体性論は存続し続けるであろう。ただアカデミックな立場からの研究・解釈論は、立場論であることには変わりがないが、多くは「亡霊」に付き纏われた者達のような盲目の主体性を絶対とするイデオロギシュな面が抑制されており、客観主義的ではあるが冷静な考察の一助となる。

立場論と距離を置く唯物的空なる気の世界観と類似する思想は見当たらないが、それでもこれまでもしばしば触れてきた鈴木の響存的空思想は、類（全体）と個（主体）の問題に応える卓越した内実と審級の世界を垣間見せ、幾分当テクストと近似的と言えるであろう。彼は『西田幾多郎の世界』の中で、西田の自覚は「自己が自己において自己を見る」すなわち内在即超越の場所的自覚であって、「自己が他者において自己を見る」自然史的、社会的かつ過程的な自覚が欠如していると批判し（一〇八〜一一一頁参照）、『響存的世界』の中で、西田の内在的超越を旨とする場所的論理に対し、外在的超越を自己同一的に包み込む過程的場所の論理を構想し、そこに主語（特殊）即述語（普遍）の逆接的統一すなわち矛盾的自己同一性による繋辞的論理の世界を展開した。なおこの統一や同一を促し弁証法的に包むのが、〈絶対（超越）空〉である（一二八頁参照）。西田哲学で失われた空観が絶対無を超出する形で蘇ったというべきか。すなわち鈴木は、絶対無ならぬ〈超越無〉から内在的に超越空が顕現し、外在的にはかかる〈超越空〉の映現として物が顕われるとみなした。そしてそこにこそ〈存在者即空〉なる「繋辞の充実」があり、自己疎外の克服を目指す主体が実存から〈労存（労働者としての実存）〉さらに〈響存〉〈響和〉へと至る、我——物——汝の推論的世界が展開する、と了解した（三三〇〜九頁他参照）。

以上の鈴木の過程的場所の論理や実存的自然史を基調とする超越の哲学は、高次元的な「わたし（われわれ）」を軸に、内在的には西田の絶対無（絶対有）を超え、他方外在的には、フォイエルバッハ・マルクスの自然唯物的かつ社会経済的観点をも取り込むものであり、その点では、基本的には当テクストの唯物的空なる気の世界観や空的還元過程の哲学とも相通ずるものがある。[11]とはいえ彼の内と外を「逆接」という抽象的な感覚および論理で、また両方向への超出を促す究極の場を〈超越空〉といった観念的な概念で済ませている点には問題がある。一言でいえば、それは唯物的自覚の不徹底性に由来していると思われる。すなわち鈴木には自らの社会的被規定性やサルトルのようなリアルな対他関係の自覚が希薄であり、そのため彼の過程論に「本来の自己」といった西田やハイデッガー同様の道徳観念が付き纏い、私的超次元的な世界の観念が混入してくるのである。

なお内在的に〈超越無〉が〈超越空〉となり、そこに外在的な物が映現してくるという鈴木の「推論」は、唯物的自覚の下〈絶対無〉化作用により唯物的空が内即外在的に自覚化され感得されてくるという著者の空的還元論とは、基本位相を異にする。そもそも前者の〈超越無〉とは〈絶対無〉と同様所詮無でしかなく、「超越」とは言えせめて内在的な無化作用が強められると言うにすぎない。後者では、そのように〈超越無〉によって内在的に強められた無化作用をさらに外へも向け、すなわち全面的な否定作用・絶対的無化作用として変換・行使させるものである。その方法とは唯物的自覚を通して「底辺」から全否定を促していくというもの。結果開示される境地は唯物的空である。唯物的空には「物が映現する」ことはなく、唯物的空が物そのものなのである。〈存在者即空〉とは何よりも「唯物的存在即空」なのである。「唯物である」という自覚が先であり、次いで唯物的空が開示される。

そもそも両者の過程論には、上向と下向の相異がある。唯物的自覚から唯物的空に至る著者のスタンスは、あくまでも「下向」である。しかし「超越」する鈴木のスタンスは「上向」である。彼のフォイエルバッハ由来の悟性的な唯物的自覚では唯物的空なる境地に至ることはない。彼がせっかく生活世界での多次元的構造を明晰に把握しておきながら（二〇七頁参照）、その先に及ばなかったのは、おそらくは彼自身の「上向」する私的で超次元的な観念の陥入のために、内と外との二世界過程論に充足してしまうことになったからではないか。結果、思想的な公私の腑分けが不問となり、内的および外的超越が同床（超越空）の観念的な場において、逆説的とはいえ同次元的同地平上に語られることになり、西田の〈絶対無〉にはらむ絶対的人格神や皇室の絶対的権威すなわち超次元的な皇国史観に対する批判が希薄なままに、他方唯物史観すなわち科学的社会主義を無批判的に享受し、なおも全体主義の準拠枠から充分に脱却することができなかったものと思われる。

〈存在者即空〉とは、究極には唯物的空である。そこには唯物的「仮有」以外の何物も存在せず、ただプレグナンスする「仮有」たる気の地（場）と図の層的世界すなわち多次元的な唯物的空なる気の世界のみが「映現」され自覚されるだけである。もとよりこのような観点や自覚もまた、一定の言説を構成するかぎり一つの「立場」論でもある。ただしそれはいかなる全体性や絶対的立場をも無限に否定し相対化し、より広範囲の相互認容を目指す私的、「私・共」的公を担う「立場」論、というよりは過程論である。したがってそこでは国境を超え地球民たる人類が多次元的生活世界での共生（共棲）・共存を第一義とすべしという「責務」が重視される。[12] ゆえに諸「生・気」生命体を脅かすマグマの論理や他者排除の全体主義や国家主義の論理に対し、その科学的、社会的かつ精神的メカニズムの解明に基づいた、適切な対応が要請されるのである。

非‐時空なる時空を充実する唯物的空なる気の世界。その准‐三（高）次元化された物象的世界とは、数理幾何学的かつ物理学的形式を帯びた、すなわち時空連続的な相空間に映ずる唯物的気の織り成す生成、分裂、融合、解体の世界であり、さらにその諸「生‐気」社会に投影された、エロスに根差した矛盾渦巻く生滅の機械的かつ事的世界でもあった。そこでは、絶対矛盾的自己同一的に生滅・闘争を繰り返す万象の認識主体でもある我々人類は、かかる物象的動向のなかで、永年の欲望や努力によって諸国家を形成し、科学・科学技術とともに資本主義を発達させ、より強度の融合と解体の、および安全と破壊のシナリオや神話を創出してきた。問題は、そのような国家や資本の論理が、超次元的および物神的なイデオロギーを伴い民主的で高次元的なコントロールを軽視あるいは抑圧し、地球社会のカオスを深めている点にある。ちなみに鈴木の実存的な認識主体を踏まえた過程的場所の論理は、社会の高次元的なコントロールを可能にするものであったが、彼の高次元的な〈超越空〉による外在的超越が、アプリオリな自然史的了解に留まり、准‐三（高）次元的世界の理解に及ばなかったために、結局西田の「絶対矛盾的自己同一」と類似する「逆接的統一」などといった観念的了解の下に、アカデミックな人格的主体性論へと帰趨していったものと思われる。

　鈴木の場の論理もまた脱構築されねばならない。いかなる「場所」も絶えざる還元の対象でなければならない。「場所」は還元の過程においてのみある。そもそも「場所」とは〈唯物的空〉として無限の還元のその不可能な「仮有」なる「充実」においてあり、したがって場の論理は、〈過程的場所の論理〉というよりも、〈絶対無〉化作用による〈空的還元過程の場の論理〉でなければならない。唯物的空なる世界をベースとした「生（精）‐気」世界のなかで、「わたし（われわれ）」はそのような還元あるいは脱構築の過程の論理を介して日々新たなる「公‐共」的な場や思想を発見し更新していくのである。そこでは信と想の私的かつ「私‐共」的な〈響和〉やノスタルジックな宗教的かつイデオロギー的な超次元的世界さえも認容し合う、そのような他者を排除することのない、開放的で民主的な、まさに〈平等・自由・平和〉を信条とする「公‐共」的な場の形成が目指される。

立場論を超えて、「〈近代の超克〉論」を超克するためにも、西田哲学を乗り越（超）えること。それは日本社会に一貫する、〈絶対無〉の象徴すなわち諸宗教の宗教性（統合性）たる天皇制神道の、かかる国家の宗教的政治的公共性からの撤退を意味する。すなわち戦前から戦後の現代に一貫するウルトラ国家の極私的「公」からの完全なる脱却である。それは、戦前・戦中の絶対天皇制下での軍国主義、その体現の最大のテクストであった皇国史観の貫徹する『世界史の哲学』からの脱却のみならず、戦後の象徴天皇制下でのウルトラ国権・民主主義、その「国権」に巣くう諸々のネオ・国家主義的言説からの脱却をも意味する。「世界史の哲学」から「新・世界史の哲学」へ。この要請は、思想的であると同時に何よりも政治的であり、皇国史観のみならずいかなる既成のおよび新興の諸宗教・イデオロギーの教義や集団をも〈絶対無〉化していくなかで、いかなる立場論をも超えた民主化、そのための無宗教の宗教性ならびに無党派の党派性による、脱天皇制、脱国家主義的な「大同」団結・連帯が多様かつ多継起的にその都度遂行されねばならない。

モノとモノとの相働く絶対矛盾的自己同一的な多次元的な気の世界（社会）。高次元的な「わたし（われわれ）」には今、かかる世界から受ける「重力」を自覚しいかなる立場論をも超える脱・再構築の空的還元過程に依拠していくことが要請されている。西田の「世界平和」論が「全体主義への帰趨」により、世界覇権の植民地主義さらには世界大戦推進論へと帰結していった歴史を反省し、現代の最大の脅威である核戦争を避けるためにも、全体主義に陥ることのない、むしろそのような体制の改変を促す相互の気分子のオープンなる民主的な交流を、グローカルな政治、経済、科学、医療、教育、芸術などの多次元的な社会的営為を通して推進していかなければならない。ますます国家と資本の論理に長けたあるいは便乗し推進する者達による談合と抑圧と監視の、あるいは野蛮な者達による国家および世界権力が醸成されようとしている現在、自己同一化が自己執着や独我論および我集団・自民族・自国家中心主義に陥ることのない、まさに唯物的空なる気の一気集中と汎民主化の「精神」を以て、「他者」の人権や諸「生・気」生命の権利を尊重しうる暮らしや社会を守り広げていくことが求められているのである。

〈注〉

1　廣松の『〈近代超克〉論』によれば、当時の〈近代の超克〉論とは、おおむね西洋近代出自の資本主義やデモクラシーおよび人間中心主義などからの超克を意味し、当初は日本浪漫派の日本の古典への回帰などロマン的心情をも伴い、充分対自化されないままの混沌としたものであったが、『世界史の哲学』の登場により体系的に考察され整序化されることになった。いずれにせよこれは「西田哲学の内在的指向性を展開してみせた正統的な一帰結」（二〇二頁）であった。この廣松の理解・認識はおおむね正しいであろう。とはいえ以上の彼の批判・批評がもっぱら資本主義超克の非科学性に向けられ、デモクラシーの超克というスタンスに対するいかなるコメントもなかったのは、大いに問題がある。

2　西田は真の自覚を、意識それ自身の活動の体験とみなし、自己意識の無限の内面的発展および真の創造的進化の相の下でとらえた（二章一九頁他参照）。

3　フィヒテによると、改めて事行 Tat-handlung とは、「我」とは根源的に働く我、すなわち我が我を自覚するという働きそのものが我であるという、「我」の根源的定立により措定された概念である。

4　荒谷大輔もまた、『西田幾多郎――歴史の論理学』の中で、「どこまでも絶対な「無」といわなければならない実在の次元が、「宗教的信仰」の事実性を証すといわれる議論は、実際にどの程度までに許容されるのか」（一七五頁）といった疑問を呈している。また「特定の宗教の価値を特権化しないことによって西田は、反対に様々な宗教を一つの普遍的な論理の中に包摂している」（一八二頁）とも指摘する。また小林敏明も『西田幾多郎の憂鬱』の中で、「その無は「解体」ではなく、「起源」を志向する無なのだ。だから西田は自己を徹底的に無化しようとはかったが、ついに「父の名」は解除されなかったのである」（二二〇頁）と指摘し、父の名＝象徴＝天皇＝〈絶対無〉なる、そのような「無の場所」は形而上学的であるがゆえに無化すべしと言明する（二三〇頁）。同感である。

5　中村雄二郎は、西田哲学には〈疎外態〉を媒介にして歴史社会的な存在を考察することが欠けており、社会的事実が何よりも〈制度的事実〉であることが忘れられていると批判し（『西田幾多郎Ⅰ』二一四頁参照）、他方袴谷憲昭は『本覚思想批判』の中で、西田哲学は「自国の土着的伝統の場を自己肯定的に温存する「場所の哲学」である」（六頁）と批判した。いずれも妥当な批判である。さらに袴谷が、皇国史観に帰趨する西田哲学を、サルトルを「病人」扱いする梅原猛のアニミズム的な仏教の日本土着的了解（二一三頁参照）とともに、東洋という「場所」を無批判的に前提としていると批判したことも充分納得できる。しかしそれでも西田や梅原には袴谷とは違い、「仏教（学）者」としての立「場」の限定はなく、西田はあくまでも東西哲学を止揚し公的かつ世界史的な思想の構築を目指し、梅原は「不殺生こそ、第一の正義であるべき」（『哲学の復興』一九一頁）とし仏教的倫理を世界史的に称揚したことを忘れてはならないであろう。

6　市川白弦は、『仏教者の戦争責任』の中で、「絶対無の場所、弁証法的一般者」はその自覚的限定として世界形成の原理を形成するが、かかる原理と皇道とは絶対に合一しえない。前者の原理および体系は、あくまで「皇道を根源的に否定する底のもの」であり、それは絶対に自由な個物と個物を媒介する一般者として、民主的な自由連合の場所の哲学でこそあるべき、と述べている（二五三～五頁参照）。絶対無と皇道の密通性が不問のままではあるが、主張としては納得できよう。

7　改めてロマン派観念論とは、当時の〈近代の超克〉を目指す「日本浪漫派」「文学界グループ」「京都学派」

の思想を総称するものであるが、その骨子は観念的かつカオス的であり、〈超克〉の対象がただ漫然と民主主義、資本主義、自由主義全般に及ぶというだけで、そこにはいかなる客観的かつ精度の高い分析もいかなる評価の弁別もなく、まさにロマン的感覚的なものでしかなかった。

8 基本的には、客観主義（模写説）と主観主義（構成説）を止揚・統一し「形態」を目指す、かかる表現（形成）作用としての認識論である。

9 『世界史の哲学』の中で、高山は、日清・日露戦役により、アジア諸民族の代表として指導的地位を確実にした日本は、東亜をヨーロッパへの内在化から解放し、ヨーロッパ近代の原理の完全な破綻とアジアの超越性を世界に示した（三七五〜六頁参照）などと述べ、来る大東亜戦争による「真の普遍的世界史」の創設の意義を述べている。なお歴史的世界を超え、かかる普遍的世界史を建設せしめる、「絶対的普遍性」として、西田の〈絶対無〉を取り入れている（四四八頁参照）。

10 なお戦後間もなく問われた「主体性論争」については、著者も『新・世界史の哲学』第一部：覚醒への道標（第五章：主体性論）で詳論しているので参照のほど。

11 「唯物的空」との近似点については『響存的世界』の中で特に次の文、すなわち「絶対の消滅点即絶対の生産点としての空なる場所、むしろ空なる反転作用と言うべきであろう。……世界が生起するとは空の運動であり、空動において世界が成るのである。すなわち現成するのである。……」（一七九頁）が参照となるであろう。

12 近年人類学でも、ますます専門化しアカデミックな研究重視の傾向が強まるなか、たとえば災害時での国家の枠組みを超えた、類的交流や絆を重視する公共人類学が提起されるようになった。

おわりに

生活世界でのあらゆる世事は、まこと「必然」であるか「偶然」であるか。要は受け取り方次第ではあるが、私の西田哲学との「出会い」は、お互いが「同郷（能登）」であり、また両者の自己史においていくつか共通する出来事があったことなどから、少なからず何か因縁めいたものを感じる。お互いが青年期に求道し哲学を志し、金沢大学（西田の時代は四高）で学び、さらに青年の一時期能登七尾で働いた（西田は教員として、私は医療職員として）ことなど、時代は異なれども、このような両者の希有な共通性が、いくばくか類似の思想をも植え付けることになったのではないか、などと思われる。何よりもお互い同郷ゆえに必然的に土地柄盛んな浄土真宗や禅宗などの仏教活動からの影響を受け、さらに偶然にすぎないとしても、金沢大学でお互いが西洋哲学を学ぶことで東洋と西洋の哲学思想の「止揚」という、同様の哲学的モチーフを持つようになった。

改めて西田哲学の思想史的面目および画期性とは、東西思想の「止揚」という、立場論を越えつつ、絶対矛盾的自己同一的に世界思想的「公」を目指したところにあった。すでに本文でも述べたように、私もまたそのような彼の「公」を目指す主体的な思想を基本的および形式的な面で受け継いでいる。しかし、とりわけ彼の思想的「公」の内実に関しては、その根本的転倒と限界突破の必要性を自覚し主張してきた。両者の経歴や成育環境の間には多くの共通項があったが、同時に時代背景や家族構成さらには個人的諸能力や体質・気質に関しては、当然多くの相違点がある。またいくらかの共通性は青年期までで、後半生では大きく異なってくる（西田はアカデミックな学者の途へ、私は在野の生活者の途へ）。そしてその諸々の両者間の相違が、「公」に関する解釈と理解を大きくかつ根本的に異ならせることになった。その最たる相異は、西田の観念的かつ統合的な（絶対無）に帰趨しから演繹する思想に対し、私の思想はあくまでも現社会の桎梏のただなかで、また日常生活で最も頻繁に使用されるまさに日常言語：気に刻印された思想性を問うなかで絞り出されてきた、唯物的かつ唯物的空なる思想であった、ということに尽きる。

ところでこの多次元的な現実の生活社会のなかで、社会的立場も思想的な立場も常に宙刷りの状態にあった私のこれまでの存在は、自らが招いたにすぎないとしても、おおむね「社会」からも他者からももっと言えば私自身からも疎外されてきたような気がする。それだけに私が生涯自主的に私の署名の下なしえるテクストをいくらか公にすることができたのは、「切に思うこと必ず遂げるなり」（道元）の言葉に順じた私の意志によるとしても、条件面では失業を繰り返してきた私にとってはやはり偶然なる幸いとしか言いようがなかった。なおかかる幸いは、直接的および間接的な有志の支えと励ましがあったからにほかならない。この度の出版に関しても、直接的には出版者鈴木誠氏に負う所が大であり、また市井の禅者向井博基や同じく市井の哲学者岩城正明、さらには画家の上埜由美の各氏をはじめ、間接的には目には見えない多くの人々の応援や支えがあった。改めて心からの謝念の意を表したい。

＊主な関連図書（引用および主な参考文献含む）

・西田幾多郎の著書

西田幾多郎『善の研究』（岩波書店、二〇〇三）
西田幾多郎『働くものから見るものへ』全集第四巻（岩波書店、一九六五）
西田幾多郎『自覚に於ける直観と反省』全集第二巻（岩波書店、一九六五）
西田幾多郎『無の自覚的限定』全集第六巻（岩波書店、一九六五）
西田幾多郎『哲学の根本問題』（岩波書店、二〇〇五）
西田幾多郎「書簡Ｖ」全集第二三巻（岩波書店、二〇〇七）
西田幾多郎「哲学論文集（第三）」全集第九巻（岩波書店、一九六五）
西田幾多郎「続思索と体験」「日本文化の問題」他、全集第一二巻（岩波書店、一九六六）

・西田哲学関連図書

荒谷大輔『西田幾多郎 - 歴史の論理学 -』（講談社、二〇〇八）
小坂国継『〈善の研究〉西田幾多郎：全注釈』（講談社、二〇〇六）
小坂国継『西田哲学の基層』（岩波書店、二〇一一）
黒田寛一『場所の哲学のために（上）』（こぶし書房、一九九九）
小林敏明『西田哲学を開く』（岩波書店、二〇一三）
小林敏明『西田幾多郎の憂鬱』（岩波書店、二〇〇三）
鈴木亨『西田幾多郎の世界』（勁草書房、一九七七）
鈴木亨『響存的世界』（三一書房、一九八三）

永井均『西田幾多郎‐絶対無とは何か‐』（NHK出版、二〇〇六）
中村雄二郎『西田幾多郎Ⅰ』（岩波書店、二〇〇一）
檜垣立哉『西田幾多郎の生命の哲学』（講談社、二〇一一）

・西洋哲学関連図書

エンゲルス『フォイエルバッハ論』（森宏一訳、新日本文庫、一九七五）
キルケゴール・S『死に至る病』（斉藤信治訳、岩波書店、一九七六）
サルトル・J・P『存在と無（Ⅰ）』（松浪信三郎訳、人文書院、一九五六）
サルトル・J・P『存在と無（Ⅱ）』（松浪信三郎訳、筑摩書房、二〇〇七）
デカルト・R『方法序説』（谷川多津子訳、岩波文庫、二〇〇四）
デリダ・J『ポジシオン』（高橋　昭訳、青土社、一九八一）
デリダ・J『エクリチュールと差異（上）』（若桑・野村・坂上・川久保訳、法政大出版局、一九八四五）
デリダ・J『根源の彼方に：グロマトロジーについて（上）』（足立和浩訳、現代思潮社、一九九〇）
デリダ・J『精神について』（港道隆訳、人文書院、一九九〇）
デリダ・J『言葉にのって』（林好雄・森本和夫・本間邦雄訳、ちくま学芸文庫、二〇〇一）
デリダ・J『散種』（藤本一勇・立花史・郷原佳以訳、法政大学出版局、二〇一三）
デリダ・J『マルクスの亡霊たち』（増田一夫訳、藤原書店、二〇〇七）
ドゥルーズ・G『ニーチェ』（湯浅博雄訳、ちくま学芸文庫、二〇〇〇）
ドゥルーズ・G　ガタリ・F『アンチ・オイディプス』（市倉宏祐訳、河出書房新社、一九八六）
ニーチェ・F『権力への意志（上）』（原祐訳、ちくま学芸書房）一九九二
ニーチェ・F『権力への意志（下）』（原祐訳、ちくま学芸書房、一九九三）
ハイデッガー・M『存在と時間（上）』（桑木務訳、岩波書店、一九九二）
ハイデッガー・M『存在と時間（中）』（桑木務訳、岩波書店、一九九三）
ハイデッガー・M『存在と時間（下）』（桑木務訳、岩波書店、一九九三）

ハンナ・アーレント『全体主義の起源3』（大久保和郎・大島かおり訳、みすず書房、二〇一七）
フーコー・M『狂気の歴史』（田村俶訳、新潮社、一九七五）
フーコー・M『言葉と物』（渡辺一民・佐々木明訳、新潮社、一九九三）
フーコー・M『知への意志』（渡辺守章訳、新潮社、一九八六）
フッサール・E『ヨーロッパ諸学の危機と超越論現象学』（細谷恒夫・木田元訳、中央公論社、一九七四）
フェリー・L、A・ルノー他『反ニーチェ』（遠藤文彦訳、法政大学出版局、一九九五）
ヘーゲル・F『哲学入門』（武市建人訳、岩波書店、一九七五）
ベルグソン・A『時間と自由』（中村文郎訳、岩波文庫、二〇〇五）
ベルグソン・A『創造的進化』（松浦孝作訳、河出書房、一九五三）
ベルグソン・A『道徳と宗教の二源泉』（平山高次訳、岩波書店、一九九二）
フォイエルバッハ『唯心論と唯物論』（船山信一訳、岩波書店、一九七七）
マルクス・エンゲルス『ドイツ・イデオロギー』（真下信一訳、大月書店、一九八一）
村上隆夫『メルロ＝ポンティ』（清水書院、一九九二）
ミル・J・S『自由論』（塩尻公明・木村健康訳、岩波書店、二〇〇五）
メルロ・ポンティ・M『知覚の現象学（I）』（竹内芳郎・小木貞孝訳、みすず書房、一九六七）
メルロ・ポンティ・M『眼と精神』（滝浦静雄・木田元訳、みすず書房、一九六六）
メルロ・ポンティ・M『メルロ・ポンティの研究ノート』（現象学研究会編訳、御茶ノ水書房、一九八一）
ルソー・J『社会契約論』（桑原武夫・前川貞次郎訳、岩波書店、二〇〇三）
レヴィナス『全体性と無限（上）』（熊野純彦訳、岩波書店、二〇〇五）
レヴィナス『全体性と無限（下）』（熊野純彦訳、岩波書店、二〇〇六）
『モーリス・メルロ＝ポンティ』（せりか書房、一九七六）

・**東洋哲学関連図書**

安藤昌益「自然真営道（抄）」「統道真伝（抄）」『日本の名著19』（中央公論社、一九九五）

市川白弦『仏教者の戦争責任』（春秋社、一九七〇）
内野熊一郎・二宮泰臣『東洋哲学史』（日本大学、一九七六）
佐橋法龍『禅』（角川書店、一九七四）
鈴木大拙『日本的霊性』（岩波書店、一九七二）
定方晟『空と無我』（講談社、一九九〇）
袴谷憲昭『本覚思想批判』（大蔵出版、一九九〇）
森三樹三郎『老子・荘子』（講談社、二〇〇〇）

・宇宙物理学・数学・進化論関連図書

アインシュタイン・A『特殊および一般相対性理論について』（金子務訳、白揚社、二〇〇四）
秋山雅彦『生命の誕生』（共立出版、一九九一）
生田哲『ヒトの遺伝子のしくみ』（日本実業出版社、一九九五）
池田清彦『構造主義進化論入門』（講談社、二〇一一）
大野乾『生命の誕生と進化』（東京大学出版会、一九八八）
大島泰郎・八杉龍一『人間の進化』（岩波書店、一九九二年）
カッシラー・E『アインシュタインの相対性理論』（山本義隆訳、河出書房新社、一九八一）
ガリレオ・G「レ・メカニケ」（『世界の名著26』編集：豊田利幸、中央公論社、一九九五）
竹内薫『宇宙論』（秀和システム、二〇〇五）
鳥海光弘『そこが知りたい／宇宙の不思議』（かんき出版、一九九八）
夏目誠・二間瀬敏史『よくわかる《量子力学》』（ナツメ社、二〇〇五）
谷口義明『宇宙進化の謎』（講談社、二〇一一）
中谷宇吉郎『科学の方法』（岩波新書、一九五八）
ニュートン・A「自然科学の数学的諸原理」（『世界の名著３１』河辺六男編、中央公論社、一九九七）
二間瀬敏史『宇宙論』（ナツメ社、一九九八）

笛田宇一郎『身体性の幾何学I』（れんが書房新社、二〇一〇）
ポアンカレ・H『科学と仮説』（河野伊三郎訳、岩波書店、一九三八）
ホーキング・S『ホーキングの最新宇宙論』（佐藤勝彦監訳、日本放送出版協会、一九九〇）
ホーキング・S&ムロディナウ『ホーキング、宇宙のすべてを語る』（佐藤勝彦訳、ランダムハウス講談社、二〇〇五）
松井孝典『地球・46億年の孤独』（徳間書店、一九八九）
マックレーン・S『数学――その形式と機能』（赤尾和男・岡本周一共訳、一九九二）
細川薫『情報科学の哲学』（理想社、一九七四）
ラズロー・E『創造する真空（コスモス）』（野中浩一訳、日本教文社、一九九一）
ラヴロック・J・E『ガイアの科学・地球生命圏』（プラブッタ（星川淳）訳、工作舎、一九八八）
ロバート・ポラック『DNAとの対話』（中村圭子・中村友子訳、早川書房、一九九五）
Fritjof Capra: THE TAO OF PHYSICS, Shambhala, Berkeley, 1975
『宇宙のしくみ』（学研、二〇一〇）
『宇宙と生命』（ラージシステム研究会、一九八八）

・言語学・人類学関連図書

ウィトゲンシュタイン・L『論理哲学論考』（坂井秀寿訳、法政大学出版局、一九六八）
ウィトゲンシュタイン・L『哲学探究』（丘沢静也訳、岩波書店、二〇一三）
岡田雅勝『ウィトゲンシュタイン』（清水書院、一九九三）
川本茂雄他編『言語学から記号学へ』（勁草書房、一九八二）
野本和幸・山田友幸編『言語哲学を学ぶ人のために』（世界思想社、二〇〇四）
ソシュール・F『言語学原論』（小林英夫訳、岩波書店、一九五二）
チョムスキー・N『言語と精神』（町田健訳、河出書房、二〇一一）
フレーゲ・G「意味論的研究・論理学研究」『フレーゲ哲学論集』（藤村龍雄訳、岩波書店、一九八八）

森本浩一『デイヴィドソン』（NHK出版、二〇〇四）
山口昌男『文化人類学への招待』（岩波書店、一九八二）
レヴィ＝ストロース『悲しき熱帯I』（川田順造訳、二〇〇一）

・その他の図書

東浩紀『ゲンロン0　観光客の哲学』（株ゲンロン、二〇一七）
稲葉譲編『仏教とマルキシズム』（創元社、一九七六）
梅原猛『哲学の復興』（講談社、一九七二）
加藤典洋『日本の無思想』（平凡社、一九九九）
柄谷行人『終焉をめぐって』（福武書店、一九九〇）
柄谷行人『内省と遡行』（講談社、一九九一）
柄谷行人『マルクス　その可能性の中心』（講談社、一九九一）
柄谷行人『ヒューモアとしての唯物論』（筑摩書房、一九九三）
柄谷行人『探究1』（講談社、一九九二）
柄谷行人『倫理21』（平凡社、二〇〇〇）
柄谷行人『世界共和国へ』（岩波書店、二〇〇六）
斉藤純一『公共性』（岩波書店、二〇〇五）
高橋哲哉『デリダ - 脱構築 -』（講談社、二〇〇三）
高橋哲哉『逆光のロゴス - 現代哲学のコンテクスト』（未来社、一九九二）
高橋哲哉『反・哲学入門』（白澤社、二〇〇四）
高山岩男『世界史の哲学』（こぶし書房、二〇〇一）
久野収・鶴見俊輔『現代日本の思想』（岩波書店、二〇〇三）
廣松渉『事的世界観への前哨』（勁草書房、一九八〇）
廣松渉『唯物史観と国家論』（講談社、一九八九）

廣松渉『〈近代の超克〉論』（講談社、一九九三）
丸山真男『日本の思想』（岩波書店、一九六六）
向井豊明『新・世界史の哲学』（近代文藝社、一九九六）
向井豊明『空的還元』（れんが書房新社、一九九九）
向井豊明『医の哲学の世界史』（れんが書房新社、二〇一一）
向井豊明『教育の死滅と民主化』（れんが書房新社、二〇一五）
山脇直司『公共哲学とは何か』（筑摩書房、二〇〇四）
湯浅泰雄『身体論』（講談社学術文庫、一九九〇）

向井豊明（むかい・とよあき）
1950年能登に生まれる。
専攻：東西哲学、教育学、教育哲学思想、医学、医学医療思想。
著書：『医療と医学の思想』（れんが書房新社、1993）
『新・世界史の哲学』（近代文藝社、1996）
『空的還元』（れんが書房新社、1999）
『人生に思いを寄せて』（文藝書房、2009）
『医の哲学の世界史』（れんが書房新社、2011）
『教育の死滅と民主化――教育〈ゲン〉論序説』（れんが書房新社、2015）

唯物的空なる気の世界
――宇宙物理学と西田哲学を越（超）えて

発　行＊2019年7月26日　初版第一刷
＊
著　者＊向井豊明
装　画＊上埜由美
装　丁＊狭山トオル
発行者＊鈴木　誠
発行所＊れんが書房新社
〒193-0845　東京都八王子市初沢町1227-4, A-1325
TEL 03-6416-0011　FAX 03-3461-7141　振替00170-4-130349
印刷・製本＊中央精版印刷株式会社

 ISBN978-4-8462-0426-6 C0010

医の哲学の世界史──「浄化する魂」の軌跡　向井豊明

ポストモダン哲学と東洋哲学の、相互批判的な交流によるホリスティックな哲学・医療を展望する。

四六判／一八〇〇円

空的還元　向井豊明

西洋形而上学の尾をひく現象学 - 存在論、構造主義、ポスト構造主義を止揚し、覚醒の究極を問う。

四六判／二二〇〇円

医療と医学の思想　向井豊明

東西の医の歴史を踏まえ、急速に進展する医療化社会がはらむ思想的・制度的問題を明らかにする。

B6判／二〇〇〇円